Sandro Göpfert

40 Tage mit C. S. Lewis

Ein Andachtsbuch

BRUNNEN
Verlag GmbH · Giessen

Für Elia Samuel und Hannah Marisa –
die großen Narnia- und Aslan-Liebhaber.

MIX
Papier aus verantwortungsvollen Quellen
FSC® C014496

Lektorat: Uwe Bertelmann
Umschlagfoto: Adobe Stock & schutterstock
Umschlaggestaltung: Jonathan Maul
Satz: DTP Brunnen
Druck: GGP Media GmbH, Pößneck
Gedruckt in Deutschland
ISBN Buch 978-3-7655-3735-6
ISBN E-Book 978-3-7655-7634-8
www.brunnen-verlag.de

Inhalt

Vorwort
von Matthias Clausen

Warum sollte man alte Bücher lesen? C. S. Lewis hat sich genau dazu einmal selbst geäußert („Über das Lesen alter Bücher"): Bücher aus vergangenen Jahrhunderten mögen ihre Nachteile haben, schreibt er, sie haben aber den Vorteil, dass sie teils von gänzlich anderen Annahmen über die Wirklichkeit ausgehen als wir heute. Nicht dass sie damit automatisch recht hätten. Aber es kann heilsam sein, einmal die Welt von einer anderen Warte aus zu betrachten. Lewis räumt ein: Noch geeigneter wären dafür sicher die Bücher der Zukunft, aber diese stünden uns bedauerlicherweise nicht zur Verfügung.

Solche kleinen, funkelnden Einsichten sind typisch für Lewis und schon Grund genug, sich mit ihm zu beschäftigen. Es gibt noch zahlreiche weitere Gründe: Er gilt als einer der einflussreichsten christlichen Denker und Autoren des 20. Jahrhunderts. Seine Bücher über Glaubensfragen, seine Kinderbücher und seine Fantasy-Romane haben Generationen von Christen, besonders auch von christlichen Autoren, beeinflusst. Auf deutschen Pastorenkonferenzen, so scherzen Theologen, galt lange: Wer zuerst Bonhoeffer sagt, hat gewonnen. Im englischen Sprachraum galt das Gleiche wohl für Lewis.

Das sind alles wichtige Gründe, aber ganz ehrlich: Was Sandro Göpfert und mich selbst an Lewis begeistert, reicht tiefer, ist persönlicher.

Ich weiß noch, wie ich als Jugendlicher zum Glauben kam und erstmals die „Dienstanweisung an einen Unterteufel" kennenlernte (siehe den Text zu Tag 26). Schon damals hatte das Buch einige Jahre auf dem Buckel. Es gab auch fast keine Ähnlichkeiten zwischen diesem britischen Literaturprofessor der Kriegszeit und einem Jugendlichen wie mir im aufgeräumten Westdeutschland der 1980er-Jahre. Dennoch las ich das Buch wie an mich gerichtet. Hellsichtig und scharfsinnig beschreibt Lewis, wie wir Menschen uns gerne selbst täuschen und täuschen lassen. Ich weiß noch, wie ich dachte: Dieser C. S. Lewis, woher kennt der mich?

Damit war es um mich geschehen. Lewis' klare Gedanken und seine Sprache, so präzise wie anschaulich, begeisterten mich für einen durchdachten Glauben. „Pardon, ich bin Christ", „Über den Schmerz", „Wunder" und weitere – eins nach dem andern las ich alles, was damals von Lewis auf Deutsch erhältlich war. Online-Buchversand gab es noch nicht, also verhalf mir erst ein Besuch in London zu Nachschub. Dass ich auf Englisch weiterlesen musste, nahm ich in Kauf. (Erfahrungswert für Lehrer: Idealerweise ist die Lektüre so spannend, dass man die Fremdsprache gar nicht bemerkt.) Bis heute ist zum Glück das meiste übersetzt.

Lewis zu lesen, klärt den Kopf und beflügelt die Fantasie. Und es bringt im Glauben weiter.

Umso dankbarer bin ich Sandro Göpfert dafür, dass er in der großen Schatzkiste von Lewis' Werk gekramt und besonders kostbare Stücke herausgeholt hat. Dabei hat er sie kenntnisreich eingeführt und für das tägliche Lesen nutzbar gemacht.

40 kurze Texte sind natürlich erst der Anfang – und machen hoffentlich Lust auf mehr.

Marburg, im Oktober 2021
Matthias Clausen

Einleitung

Clive Staples Lewis (1898–1963) wurde in Belfast (Nordirland) geboren und verbrachte seine Schulzeit in England. Vor seinem Literaturstudium in Oxford (1919–1925) kämpfte er für die britische Armee im Ersten Weltkrieg und wurde in Frankreich verwundet. Fast 30 Jahre lang lehrte er anschließend als Tutor für Englische Sprache und Literatur an der Universität Oxford (1925–1954). In dieser Zeit lernte er nicht nur seinen Freund und Kollegen J. R. R. Tolkien kennen, sondern wandte sich in den Jahren 1930–1932 auch dem christlichen Glauben zu, dem er vorher skeptisch bis ablehnend gegenüberstand.

Weithin bekannt wurde C. S. Lewis – oder Jack, wie ihn seine Freunde nannten – durch seine Live-Rundfunkansprachen beim BBC 1941–1942, in denen er seinen Hörern die Schlüssigkeit des christlichen Glaubens nahebrachte und die die Grundlage für sein späteres Buch „Pardon, ich bin Christ" (1952) bildeten.

„Über den Schmerz" (1940), „Dienstanweisungen für einen Unterteufel" (1942), „Wunder" (1947), „Was man Liebe nennt" (1960) und einige Sammlungen seiner vielen apologetischen Vorträge, die erst nach seinem Tod herausgegeben wurden, machten Lewis zum weltweit wohl meistgelesenen christlichen Autor des 20. Jahrhunderts. Sein bekanntestes Werk sind allerdings die nicht nur bei Kindern beliebten und inzwischen zum Teil auch verfilmten „Chroniken von Narnia" (1950–1956). Einen Namen machte sich Lewis auch als Science-Fiction-Schriftsteller mit der bereits 1938–1945 erschienenen „Perelandra"-Trilogie.

Ab 1954 lehrte C. S. Lewis als Professor für Englische Literatur des Mittelalters und der Renaissance in Cambridge. Spät heiratete er 1956 die Amerikanerin Joy Davidman. Ihren Tod vier Jahre später verarbeitete er in seinem wohl persönlichsten und emotionalsten Buch „Über die Trauer" (1961). C. S. Lewis starb 1963 in Oxford, wo er auch begraben wurde. Bis heute überzeugt und begeistert er jedoch Millionen von Lesern mit seinen klar durchdachten, allgemeinverständlich dargelegten und nicht zuletzt humorvoll geschriebenen Plädoyers für den christlichen Glauben.

Dieses Buch ist in der Überzeugung entstanden, dass es auch fast 60 Jahre nach seinem Tod äußerst lohnenswert ist, sich mit den Gedanken von C. S. Lewis zu beschäftigen. Seine scharfen Analysen und brillanten Argumentationen haben im Laufe der Zeit nichts von ihrer Kraft eingebüßt – auch wenn man sich in seine Sprache sicher erst einmal einlesen muss und seine Ausführungen unser Denken herausfordern.

Lassen Sie sich einladen, Lewis' Worte im Zusammenhang mit dazu ausgewählten Bibeltexten zu betrachten.

Lesen Sie den *Lewis-Text*, am besten mehrmals.

Der kurze *Bibeltext* vertieft das von Lewis Gesagte.

Gönnen Sie sich anschließend eine *Zeit der Stille*, um die gelesenen Texte auf sich wirken zu lassen. Wo sind Sie im Lewis-Text „hängen" geblieben? Was haben Sie neu entdeckt? Wo knüpfen die Gedanken an etwas an, das Sie schon einmal gehört haben? Worin stimmen Sie Lewis zu und wo regt sich in Ihnen Widerspruch? Was ist Ihnen unverständlich geblieben? Vielleicht möchten Sie Ihre Gedanken auch schriftlich festhalten.

Die begleitende *Erläuterung* soll eine Hilfe sein, die jeweiligen Texte im Kontext von Lewis' Leben und Denken besser zu verstehen.

Anschließende *Fragen* regen zum Weiterdenken an.

Zum Abschluss jeder Einheit laden *Impulse zum Gebet* dazu ein, das Gelesene und Bedachte weiter mit Gott zu bewegen.

Dieses Andachtsbuch mit Auszügen aus seinen Hauptwerken bietet eine Art „Reiseführer" in Lewis' Vorstellungswelt. Wie bereits das vor vier Jahren erschienene Buch „40 Tage mit Dietrich Bonhoeffer" eignet es sich damit auch zum Einstieg in eine weitergehende Beschäftigung mit dem Autor. Dazu bieten v. a. die im Brunnen Verlag Gießen und Fontis-Verlag Basel erschienenen Werke reichlich Gelegenheit. Für einen tieferen Einstieg in Lewis' Denken sei auf das ebenfalls im Brunnen Verlag erschienene Buch „Lunch mit C. S. Lewis. Nachdenken über den Sinn des Lebens" (2016) des renommierten Lewis-Forschers Alister McGrath verwiesen. Im Stil mehrerer Tischgespräche ist es flüssig geschrieben. Wer sich auf wissenschaftlicher Ebene vertieft in die philosophischen Voraussetzungen von Lewis' Ansatz einarbeiten möchte, ist mit Norbert Feinendegens „Apostel der Skeptiker. C. S. Lewis als christlicher Denken der Moderne" (Verlag Text & Dialog, 2015) gut und sehr tiefgründig beraten.

Ich danke dem theologischen Lektor des Brunnen Verlages, Herrn Uwe Bertelmann, für die Initiative und alle Begleitung, die erst zum Erscheinen dieses Buchs geführt haben. Dankbar bin ich auch Herrn stud. theol. Benjamin Schlimper, der mit vielen Anregungen und Korrekturvorschlägen maßgeblich dazu beigetragen hat, dass das Geschriebene besser lesbar wurde, sowie meiner Frau Lydia für den permanenten Austausch über Lewis. Ich widme das Buch unseren beiden Kindern Elia Samuel und Hannah Marisa, mit denen wir schon mit viel Begeisterung in die Welt von Narnia eintauchen konnten. Wir freuen uns auf weitere Lewis-Entdeckungen mit euch in den nächsten Jahren!

Das hier vorliegende Andachtsbuch ist sicher eines der eher anspruchsvolleren seiner Art. C. S. Lewis hat 1944 selbst geschrieben: „Gerade in unserer Zeit ist es besonders nötig, das Wissen zu fördern. Ich für meinen Teil habe festgestellt, daß mir Bücher über dogmatische Fragen oft mehr zur Andacht verhelfen als Erbauungsbücher, und ich vermute, daß es noch vielen so gehen würde. Manch einer, der das Gefühl hat, ‚daß doch nichts passiert', wenn er vor seinem Andachtsbuch sitzt oder kniet, würde die Erfahrung machen, daß sein Herz plötzlich von selbst singt, wenn er sich, eine Pfeife zwischen den Zähnen und einen Bleistift in der Hand, durch ein zähes Kapitel Theologie hindurcharbeitet."[1] Ob mit oder ohne Pfeife und Bleistift – ich wünsche allen Lesern wertvolle Entdeckungen mit diesem Andachtsbuch, das durch seine portionierte Aufbereitung hoffentlich doch etwas zugänglicher ist als „ein zähes Kapitel Theologie".

Tag 1

Entdeckungsreise ins Unbekannte?

„Lucy dachte, es wäre lohnend, einmal die Tür des Kleiderschranks zu probieren, obwohl sie fast sicher war, dass sie verschlossen sein würde. Doch zu ihrer Überraschung ließ sie sich ganz leicht öffnen und zwei Mottenkugeln kullerten heraus. Als sie hineinschaute, sah sie mehrere Mäntel dort hängen – größtenteils lange Pelzmäntel. […] Bald ging sie noch ein Stück weiter hinein und stellte fest, dass hinter der ersten Reihe Mäntel noch eine zweite hing. Hier hinten war es fast völlig dunkel, sodass sie die Arme nach vorn ausstreckte, um nicht mit dem Kopf gegen die Rückwand des Schranks zu stoßen. Sie machte noch einen Schritt tiefer hinein – dann zwei oder drei Schritte – immerzu in der Erwartung, die Holzwand an den Fingerspitzen zu spüren. Aber sie spürte nichts dergleichen. […] Dann bemerkte sie, dass unter ihren Füßen etwas knirschte. […] Doch statt des harten, glatten Holzbodens des Kleiderschranks fühlte sie etwas, das weich und pulverig war und sehr, sehr kalt. ‚Das ist aber komisch', sagte sie und ging noch einen oder zwei Schritte weiter. Im nächsten Moment merkte sie, dass nicht mehr weiches Fell an ihrem Gesicht und ihren Händen entlangstreifte, sondern etwas Hartes, Raues, Stacheliges. ‚Nanu, das fühlt sich ja an wie Zweige von Bäumen!', rief Lucy aus. Und dann sah sie vor sich ein Licht scheinen; nicht nur ein paar Zoll weit entfernt, wo die Rückwand des Schranks hätte sein müssen, sondern ein ganzes Stück weit voraus. Etwas Kaltes und Weiches fiel auf sie herab. Einen Moment später stellte sie fest, dass es Nacht war und sie mitten in einem Wald stand, mit Schnee unter den Füßen und Schneeflocken, die durch die Luft herabrieselten. Lucy fürchtete sich ein wenig, doch gleichzeitig war sie ganz kribbelig vor Neugier und Aufregung."

(Der König von Narnia, 16f)

„Bittet, so wird euch gegeben; suchet, so werdet ihr finden; klopfet an, so wird euch aufgetan. Denn wer da bittet, der empfängt; und wer da sucht, der findet; und wer da anklopft, dem wird aufgetan.“ (Mt 7,7f)

Eine Schranktür bildet für uns den Eingang in die Beschäftigung mit C. S. Lewis. Es ist die vielleicht berühmteste und bemerkenswerteste Schranktür der Literaturgeschichte. Für die Geschwister Peter, Susan, Edmund und Lucy ist sie der Zugang zu einer anderen Welt. In dieser werden sie nicht nur den liebenswerten Faun Herrn Tumnus und die böse Hexe Jadis kennenlernen, sondern auch den majestätischen Löwen Aslan. „Der König von Narnia“ ist der 1950 erschienene erste Band der „Chroniken von Narnia“. Sechs weitere Bücher sollten folgen: Einen stellte Lewis chronologisch noch voran, fünf setzen dann die Geschichte in loser Folge fort.

Im Zeitungsartikel „Manchmal sagen Märchen am besten, was man sagen will“ (1956) schreibt Lewis einiges über die Entstehungshintergründe der „Chroniken von Narnia“: Am

Anfang kamen ihm einzelne Bilder in den Sinn, die sich dann zu einer Geschichte formten. Der christliche Hintergrund ergab sich erst später von selbst. Wie andere seiner Werke sind auch diese nicht (wie von Kritikern vermutet) absichtsvoll am Reißbrett entstanden, sondern Stück für Stück in seiner Vorstellungskraft gewachsen. Überhaupt ist die Vorstellungskraft ein wichtiger Motor von Lewis' Schaffen. Das Märchen als kurze, kompakte Form erschien ihm in diesem Fall geeignet, seine mentalen Bilder zu ordnen. Er ist überzeugt davon, dass ein gutes Kinderbuch auch für Erwachsene wertvoll zu lesen ist, denn das Mythische und Fantastische bilden für einige Menschen zeitlebens einen wichtigen Zugang zur Wirklichkeit, für andere dagegen nie.

Die „Chroniken von Narnia" führen die Leser in eine andere Welt. Auch der christliche Glaube kennt eine solche „Welt hinter der Welt", die dennoch mit unserer Welt verbunden ist und in sie hineinwirkt. Und wie das Land Narnia, so ist auch das Land des Glaubens ein faszinierendes Land voller Wunder, in dem wir mit einer anderen, tieferen Wirklichkeit in Kontakt kommen können. Neben dem Verstand, den Lewis hoch schätzt, empfiehlt er die Vorstellungskraft als Hilfe beim Entdecken des Glaubenslandes. Vielleicht kann auch dieses Buch mit seinen Texten und Erläuterungen dabei eine Art Reiseführer sein.

» Bin ich wie Lucy ein neugieriger Mensch, der gern Neues entdeckt und sich ins Abenteuer stürzt, oder bin ich eher vorsichtiger?
» Wann bin ich das letzte Mal positiv von etwas überrascht worden?
» Welche Rolle spielt das Spüren und Fühlen beim Glauben?

- » Ich bin dankbar, dass es jeden Tag Faszinierendes zu entdecken gibt.
- » Ich danke Gott, der auch mein Suchen und Vorantasten wertschätzt.
- » Ich bitte um den Mut, immer wieder bei Gott anzuklopfen und dabei neben meinem Verstand auch meine Vorstellungskraft einzusetzen.

Tag 2
Indizien für Gott?

„Wenn es eine steuernde Macht außerhalb des Universums gibt, kann sie sich uns nicht als eines der Fakten innerhalb des Universums zeigen – genauso wenig wie der Architekt eines Hauses selbst eine Wand, eine Treppe oder ein Kamin in diesem Haus sein könnte. Wenn wir auf irgendeine Weise damit rechnen können, dass es sich bemerkbar macht, dann nur in unserem Innern, als ein Einfluss oder ein Gebot, die uns zu einem bestimmten Verhalten veranlassen wollen. Und genau das finden wir in uns vor. […] Wir haben zwei Dinge, die uns etwas über diesen Jemand verraten. Das eine ist das Universum, das er geschaffen hat. […] Der zweite Hinweis ist das Sittengesetz, das er in unser Denken hineingelegt hat. Dieses Beweisstück verrät uns noch mehr als das andere, weil es eine Insiderinformation ist. Durch das Sittengesetz können Sie mehr über Gott herausfinden als durch das Universum im Allgemeinen, genauso, wie Sie über einen Menschen mehr herausfinden, indem Sie zuhören, was er sagt, als indem Sie sich ein Haus anschauen, das er gebaut hat. […] Mit Nachgiebigkeit hat das Sittengesetz nichts zu tun. Es ist hart wie Stein. Es befiehlt einem, das Richtige zu tun, und scheint sich nicht darum zu scheren, wie schmerzhaft oder gefährlich oder schwierig das ist. Wenn Gott wie das Sittengesetz ist, dann ist er nicht weichherzig. […] Das Christentum fordert Menschen zur Umkehr auf und verspricht ihnen Vergebung. Insofern hat es (soviel ich weiß) Leuten, die gar nicht wissen, dass sie etwas getan haben, wovon sie umkehren müssen, und die nicht das Gefühl haben, Vergebung zu brauchen, nichts zu sagen. […] Natürlich bin auch ich der Ansicht, dass der christliche Glaube letzten Endes ein unaussprechlicher Trost ist. Aber er fängt nicht mit dem Trost an. Am Anfang steht die Bestürzung."

(Pardon, ich bin Christ, 44.49-52)

„Was man von Gott erkennen kann, ist unter ihnen offenbar; denn Gott hat es ihnen offenbart. Denn sein unsichtbares Wesen – das ist seine ewige Kraft und Gottheit – wird seit der Schöpfung der Welt, wenn man es wahrnimmt, ersehen an seinen Werken, sodass sie keine Entschuldigung haben. Denn obwohl sie von Gott wussten, haben sie ihn nicht als Gott gepriesen noch ihm gedankt, sondern sind dem Nichtigen verfallen in ihren Gedanken, und ihr unverständiges Herz ist verfinstert." (Röm 1,19-21)

Kann man von Gott wissen oder sogar seine Existenz beweisen? Lewis ist weit davon entfernt, einen neuen Gottesbeweis zu führen, meint aber, dass es Indizien gibt, die es wahrscheinlicher machen, dass es einen Gott gibt, als dass das Gegenteil plausibler wäre.

In seinem apologetischen Hauptwerk „Pardon, ich bin Christ" (1952) tastet er sich bewusst von außen an diese Frage heran, indem er zunächst von einer „steuernden Macht des Universums" schreibt. Hier geht es also noch nicht darum, *wer* dieser Gott konkret ist, sondern was aufgrund der Beschaffenheit dieser Welt überhaupt für die Existenz eines Gottes spricht. Lewis nennt an dieser Stelle zwei Punkte: die Anordnung des Universums und – noch deutlicher – eine Art „moralisches Grundgesetz", das seiner Überzeugung nach in menschliches Denken allgemein eingebaut ist. Letzteres nennt er in seinem Buch „Die Abschaffung des Menschen" das *Tao* (vgl. Tag 6). Lewis meint, dass alle Menschen zu allen Zeiten und in allen Kulturkreisen ein recht ähnliches grundlegendes Bewusstsein dafür haben, was richtig oder falsch ist. Dieses haben wir aber nicht selbst geschaffen, sondern es ist uns vorgegeben. Ob wir uns dessen bewusst sind oder nicht und ob wir es mit etwas Religiösem in Verbindung bringen oder nicht, spielt keine Rolle – entweder wir folgen diesem „Sittengesetz" oder eben nicht. Wenn wir uns nun aber diesem allgemeinen Gesetz aussetzen, dann können wir eigentlich nur verzweifeln, denn schnell wird uns bewusst, dass wir diesem Anspruch nicht genügen können. Halten wir dennoch daran fest, dass das Gesetz gut und richtig ist, dann stellt sich zum einen die Frage nach dem Gesetzgeber und zum anderen ist spannend, ob dieser uns nicht bei der Erfüllung „seines" Gesetzes helfen bzw. das Übertreten irgendwie reparieren könnte.

Die Lösung des Problems finden wir mit Lewis nicht nur in der Existenz Gottes allgemein, sondern ganz konkret im christlichen Glauben: Gott fordert zum einen (Gesetz) und er bietet Umkehr und Neuanfang an (Evangelium). Dem Erschrecken über mein Versagen folgt der Trost der Vergebung.

» Ist mir die Vorstellung plausibel, dass es ein allgemeines Sittengesetz gibt, welches in seinen Grundsätzen immer und überall gilt?
» Wie erklären sich dann die zeitlichen und örtlichen Abweichungen?
» War ich schon einmal bestürzt oder erschrocken über Gottes Anspruch?

» Ich bin dankbar, dass ich Gottes Spuren entdecken darf, wenn ich mit offenen Augen und mit klarem Verstand durch die Welt gehe.
» Ich danke Gott, dass er immer wieder auf sich aufmerksam macht.
» Ich bitte Gott um den Mut, von falschen Wegen umzukehren.

Tag 3

Naturgesetze als Hindernis?

„In der ganzen Geschichte des Universums lässt sich nicht ein Ereignis finden, das durch irgendwelche Naturgesetze verursacht worden ist. Ein Naturgesetz ist wie ein vorgegebenes Programm, dem ein Ereignis entsprechen muß – vorausgesetzt, daß es von irgendwoher den Anstoß bekommt, überhaupt zu geschehen. Woher aber kommt dieser Anstoß? Wie kommt eine Bewegung in Gang? Dazu können die Naturgesetze nichts tun. Alle Ereignisse gehorchen ihnen, so, wie alle Transaktionen mit Geld den Rechengesetzen gehorchen. […] Die Gesetze sind nur Programme, nach denen die Ereignisse ablaufen müssen; der Ursprung der Ereignisse muss woanders gesucht werden. Man kann also sagen: Die Naturgesetze beschreiben ein Ereignis bis ins kleinste Detail – mit Ausnahme seines Ursprungs. Das aber ist eine Ausnahme von gewaltiger Bedeutung. […] Entweder hatte der Strom der Ereignisse einmal einen Anfang, oder er hatte keinen. Wenn er einen hatte, dann wäre das so etwas wie ein ‚Schöpfungsakt'. […] Wir lernen immer mehr über das ‚Programm'. Aber wir erfahren nichts über die Quelle, aus der das Programm gespeist wird. Wenn es nicht Gott ist, so müssen wir es doch zum allermindesten ‚Vorsehung' nennen – diesen nichtmateriellen, uranfänglichen, gerichteten Initialdruck, der das Universum in Gang hält. […] Es ist doch wirklich eine naheliegende Annahme, daß hinter diesem Mysterium irgendein mächtiger Wille, etwas Lebendiges, am Werk ist. Wenn das so ist, dann ist es müßig, von einem Widerspruch zwischen seinem Wirken und den Naturgesetzen zu sprechen. Sein Wirken allein ist es, das den Gesetzen die Ereignisse zuführt, auf die sie sich anwenden lassen. Die Gesetze sind ein leerer Rahmen; Er ist es, der den Rahmen füllt – nicht hie und da einmal in besonderen Augenblicken der Vorsehung, sondern Augenblick für Augenblick."

(Naturgesetz oder Gottes Wille?, in: Gott auf der Anklagebank, 61-66, hier: 63-65)

„Wenn ich sehe die Himmel, deiner Finger Werk, den Mond und die Sterne, die du bereitet hast: Was ist der Mensch, dass du seiner gedenkst, und des Menschen Kind, dass du dich seiner annimmst? Du hast ihn wenig niedriger gemacht als Gott, mit Ehre und Herrlichkeit hast du ihn gekrönt." (Ps 8,4-6)

Obwohl Lewis Literaturwissenschaftler und damit weder ausgebildeter Theologe noch Naturwissenschaftler war, hat er sich immer wieder intensiv mit dem Verhältnis von naturwissenschaftlicher Erkenntnis und christlichem Glauben beschäftigt. Schon die Frage nach der Weltentstehung als bloße Entwicklung oder als „Schöpfung" durch ein intelligentes Wesen sowie die Frage nach der grundsätzlichen Möglichkeit von Wundern führten ihn dazu.

Dabei erkennt Lewis naturwissenschaftliches Forschen grundsätzlich an, fragt aber nach seiner Reichweite. Die Naturgesetzte, die er ebenfalls absolut akzeptiert, versteht er als die generellen Angaben darüber, wie die Dinge normalerweise ablaufen und auch beobachtbar sind. Sie können aber nichts darüber aussagen, woher ein Ur-Impuls kommt, der etwas *zuerst* zum Laufen gebracht hat. Die Frage nach einem „mächtigen Willen hinter diesem Mysterium“ oder gar einem Schöpfer kann naturwissenschaftliches Forschen nicht beantworten. Dies ist eine metaphysische und deshalb philosophische bzw. theologische Frage. Hier plädiert Lewis wiederum dafür, dass die Überzeugungen des christlichen Glaubens plausibel sind: Gott steht hinter den Naturgesetzen und füllt deren „leere Hülle“ beständig mit seiner schöpferischen und erhaltenden Kraft. In seinem Buch „Wunder“ (1947) zeigt Lewis auf, dass selbst bei einem Wunder die kausalen Zusammenhänge der Naturgesetze nicht außer Kraft gesetzt werden. Hier wirkt Gott nur durch einen anderen, übernatürlichen Impuls auf seine Schöpfung ein. Die Frage bleibt, ob wir solche wundervollen Ur-Impulse theologisch-philosophisch für möglich halten oder nicht.

Wenn wir mehr als streng naturwissenschaftlich auf das Leben und unsere Welt blicken, werden wir uns nicht nur die Frage stellen, wie etwas funktioniert, sondern auch, woher wir kommen, wozu wir hier sind und wohin wir gehen – kurz: Was ist Ursprung, Sinn und Ziel unseres Lebens bzw. des universalen Daseins? In einer solchen Perspektive kann ich auch anders über das Wunder staunen, dass der, der alles schuf, auch mich geschaffen hat.

» Wo begegnen mir im Alltag kritische Anfragen an den christlichen Glauben als Nicht-Wissen im Gegensatz zur (Natur-)Wissenschaft?
» Gott als Anstoß- und UrImpuls-Geber, der sich aber grundsätzlich der Naturgesetze bedient – ist mir diese Sichtweise plausibel?

» Inwieweit kann eine „Aufgabenteilung“ zwischen natur- und geisteswissenschaftlichen Zuständigkeiten hilfreich sein?

» Ich bin dankbar für alle naturwissenschaftlichen Erkenntnisse, die uns die Wunder des Lebens und dieser Welt mehr verstehen helfen.
» Ich danke Gott dafür, dass er als der Schöpfer und Erhalter immer wieder Impulse gibt und Dinge anstößt, die sich dann entfalten.
» Ich bitte darum, dass nicht Naturgesetze und Fortschritt vergöttert werden, sondern allein der dahinter aufleuchtende lebendige Gott.

Tag 4
Sehnsucht nach mehr?

„Wenn Sie in die Geschichtsbücher schauen, werden Sie feststellen, dass die Christen, die am meisten für die gegenwärtige Welt getan haben, gerade diejenigen waren, die am höchsten von der zukünftigen Welt dachten. […] Erst seit die meisten Christen aufgehört haben, an die andere Welt zu denken, sind sie in dieser Welt so wirkungslos geworden. Zielt man auf den Himmel, so bekommt man die Erde als ‚Zugabe'; zielt man auf die Erde, so bekommt man keins von beiden. […] Die Sehnsüchte, die in uns aufsteigen, wenn wir uns zum ersten Mal verlieben, wenn wir zum ersten Mal über irgendein fremdes Land nachdenken oder wenn wir uns zum ersten Mal mit einem Thema beschäftigen, das uns begeistert, können durch keine Ehe, keine Reise und kein Studium jemals gestillt werden. […] Der Christ sagt: ‚Kein Geschöpf wird mit irgendeinem Verlangen geboren, wenn es für dieses Verlangen überhaupt keine Befriedigung gibt. Ein Baby hat Hunger: Nun, es gibt so etwas wie Nahrung. Ein Entenküken möchte schwimmen: Nun, es gibt so etwas wie Wasser. Menschen empfinden sexuelles Verlangen: Nun, es gibt so etwas wie Sex. Wenn ich aber in meinem Innern ein Verlangen verspüre, das durch kein Erlebnis in dieser Welt befriedigt werden kann, dann ist die wahrscheinlichste Erklärung dafür die, dass ich für eine andere Welt gemacht bin. […] Wahrscheinlich waren die irdischen Freuden nie dazu gedacht, es zu stillen, sondern nur dazu, es zu wecken und uns auf das Eigentliche hinzuweisen. […] Ich muss also in mir das Verlangen nach meiner wahren Heimat wachhalten, die ich erst nach meinem Tod finden werde. […] Ich muss es mir zum höchsten Ziel im Leben machen, auf dieses andere Land zuzugehen und anderen zu helfen, sich ebenfalls auf den Weg dorthin zu machen.'"

(Pardon, ich bin Christ, 151-153)

„Wie der Hirsch schreit nach frischem Wasser, so schreit meine Seele, Gott, zu dir. Meine Seele dürstet nach Gott, nach dem lebendigen Gott. Wann werde ich dahin kommen, dass ich Gottes Angesicht schaue?“ (Ps 42,2f)

Nicholas Thomas Wright ist einer der bekanntesten zeitgenössischen Theologen der englischsprachigen Welt. In seinen Veröffentlichungen bezieht sich dieser einflussreiche Bibelwissenschaftler und ehemalige Bischof von Durham wiederholt auf C. S. Lewis. Sein Buch „Von Hoffnung überrascht“ (2007) zeigt schon im Titel Anklänge an Lewis' Autobiografie „Überrascht von Freude“ (1955) bzw. an das mit „Hoffnung“ überschriebene Kapitel aus Lewis' Meisterwerk „Pardon, ich bin Christ“ (1952). Vor allem aber im ersten Teil seines Buchs „Warum Christ sein Sinn macht“ (2006) geht Wright auf vier menschliche Ur-Sehnsüchte nach Gerechtigkeit, Spiritualität, Beziehungen und Schönheit ein, die zu Hinweisen auf die Existenz Gottes werden können.

Weder Wright noch Lewis möchten auf diesem Weg Gott

beweisen. Beide schreiben aber davon, dass allgemeine menschliche Grundbedürfnisse – bei Lewis ist es das Verlangen nach Nahrung, Wasser und Sex – uns erst einmal mächtig in Bewegung setzen können, um sie erfüllt zu bekommen. Doch die Erfahrung zeigt, dass diese Sehnsüchte innerhalb des uns hier in diesem Leben zur Verfügung stehenden Rahmens niemals vollständig gestillt werden können. Gehen wir einmal davon aus, dass diese Sehnsüchte grundsätzlich gut sind: Dann erahnen wir, dass wir über den irdischen Rahmen hinausdenken müssen, damit sie einmal zum Ziel kommen können. Alles, was wir hier erleben, ist dann höchstens ein Echo aus einer anderen Welt oder ein flüchtiger Blick auf eben jenes Jenseits, das uns jetzt noch nicht rein und vollständig zugänglich ist.

Aus dieser Spannung von „Schon jetzt“ und „Noch nicht“ leitet Lewis zwei Konsequenzen ab: Erstens ist unser intensiver Einsatz für diese Welt gefragt. Eine untätige, träumerische Flucht aus dem Diesseits kommt also nicht infrage. Zweitens ist jedoch auch das Bewusstsein wachzuhalten, dass diese Welt nicht alles ist, sondern eine Vorbereitung auf das „Eigentliche“. Der Versuch, alles in dieses Leben hineinpacken zu wollen, muss zwangsläufig scheitern.

Lewis folgt hier dem britischen Philosophen Samuel Alexander (1859–1938), der zwischen „contemplation“ und „enjoyment“ unterschied: Echte Freude (enjoyment) wird nur erlebbar, wenn man nicht nur den Genuss sucht, sondern sich ganz auf das einlässt, worauf sich die Freude bezieht (contemplation). Diese allerletzte Instanz kann nach Lewis nur Gott selbst sein.

» Welche Sehnsüchte sind meine großen Antriebskräfte?

» Was nehme ich bei mir selbst oder in meinem Umfeld stärker wahr: Weltflucht oder Weltvergötterung?

» Bin ich mir bewusst, dass meine Wünsche nicht um ihrer selbst willen befriedigt werden wollen, sondern mich immer auch auf Gott verweisen, der hinter diesen Bedürfnissen steht und sie in Ewigkeit stillen möchte?

» Ich bin dankbar für alle Freuden und Glückserfahrungen, die ich hier erleben darf und die mich mit Gott und anderen verbinden.
» Ich danke Gott, dass ich an dem Ort, wo er mich hingestellt hat, Verantwortung für andere übernehmen und zum Segen werden darf.
» Ich bitte Gott, dass er in mir die Sehnsüchte und Bedürfnisse stillt, die hier noch schmerzlich unerfüllt bleiben müssen.

Tag 5
Vergottung des Menschen?

„Der Mensch an sich ist nichts. Die Vorwärtsbewegung des Lebens – die zunehmende Spiritualität – ist alles. […] Nicht die menschliche Rasse, sondern die Spiritualität vorwärtszubringen, ist hinfort meine Mission. Das wird die Krönung meiner Karriere sein. Zuerst habe ich für mich selbst gearbeitet; dann für die Wissenschaft; dann für die Menschheit; und nun endlich für den Geist – für den Heiligen Geist, um einen Ausdruck zu gebrauchen, der Ihnen vertrauter sein dürfte.' ‚Und was meinen Sie damit genau?' fragte Ransom. ‚Ich meine', sagte Weston, ‚daß uns jetzt nichts mehr trennt, außer einigen fadenscheinigen theologischen Spitzfindigkeiten, von denen die organisierte Religion sich leider hat verkrusten lassen. Doch ich habe diese Kruste durchstoßen. Der darunter verborgene Sinn ist so wahr und lebendig wie je. […] Frühe und liebgewonnene Gedankenverbindungen mögen es Ihnen unmöglich machen, in dieser neuen Gestalt dieselben Wahrheiten wiederzuerkennen, die die Religion so lange bewahrt hat und die nun endlich von der Wissenschaft wiederentdeckt werden. Aber ob Sie es sehen können oder nicht, glauben Sie mir, wir sprechen genau von derselben Sache. […] Das ist eine der wirklichen Schwächen organisierter Religion – dieses Festhalten an Formeln, diese Unfähigkeit, die eigenen Freunde zu erkennen. […] Geist – Vernunft – Freiheit – Unmittelbarkeit – davon spreche ich. Das ist das Ziel, dem der gesamte kosmische Prozeß entgegenstrebt. Die endgültige Durchsetzung dieser Freiheit, dieser Spiritualität ist die Aufgabe, der ich mein eigenes Leben und das der Menschheit verschrieben habe. […] Ich weiß jetzt, daß ich der größte Wissenschaftler bin, den die Welt bisher hervorgebracht hat. Das bin ich zu einem bestimmten Zweck geworden. Durch mich drängt der Geist selbst in dieser Stunde hin auf sein Ziel.'"

(Perelandra, in: Die Perelandra-Trilogie, 153-357, hier: 231-233)

„Er, der in göttlicher Gestalt war […], entäußerte sich selbst und nahm Knechtsgestalt an, ward den Menschen gleich und der Erscheinung nach als Mensch erkannt. Er erniedrigte sich selbst und ward gehorsam bis zum Tode, ja zum Tode am Kreuz. Darum hat ihn auch Gott erhöht und hat ihm den Namen gegeben, der über alle Namen ist, dass in dem Namen Jesu sich beugen sollen aller derer Knie, die im Himmel und auf Erden und unter der Erde sind, und alle Zungen bekennen sollen, dass Jesus Christus der Herr ist, zur Ehre Gottes, des Vaters." (Phil 2,6a.7-11)

Wer spricht hier? Ist das auch Lewis? Nein, wir befinden uns in einem Dialog zwischen zwei Romanfiguren. „Perelandra" ist der 1943 erschienene zweite Teil von Lewis' gleichnamiger Science-Fiction-Trilogie. Mit Ransom und Weston begegnen sich die beiden Hauptpersonen des ersten Romans „Jenseits des schweigenden Sterns" (1938) wieder. Mit dem Sprachwissenschaftler Elwin Ransom portraitiert Lewis ein Stück sich selbst. Ransom, der das Gute verkörpert, wird auf Perelandra (Venus) geschickt, um dort seinen Widersacher Weston daran zu hindern, den gesamten Planeten zu verderben. Weston ist in seinem Streben nach Fortschritt und Größe bereit, für eine höhere Sache auch über Leichen zu gehen. Er hält sich für den „größten Wissenschaftler, den die Welt bisher hervorgebracht hat." Dabei handelt er nicht nur nach höchst fragwürdigen Prinzipien, sondern verkörpert mit seiner Überheblichkeit auch das, was der christliche Glaube „Sünde" nennt.

In diesem Gespräch mit Ransom macht Weston deutlich, dass praktisch alles Existierende für ihn nur Mittel zum Zweck ist, um ein höheres Ziel zu erreichen. Dieses höhere Ziel war für ihn früher das eigene Vorankommen, später dann die Wissenschaft und der Humanismus – nun ist es die „Spiritualität". Seine Vorstellung davon ist sehr diffus – es ist eine Art universale allgemeine Geist-Religion. Dieser „Glaube" kommt ohne einen personalen Gott aus und ist für Weston höherwertiger als alle „organisierte Religion". Jeden konkreten Glauben mit festen Grundsätzen, Geboten und Bekenntnissen versteht er nur als eine Einengung und einen Streit um „theologische Spitzfindigkeiten".

Lewis hält uns mit Weston einen Spiegel vor und offenbart uns schmerzhaft die Schieflage, in der sich die Gesellschaft befindet. Wie Lewis damals, begegnen uns auch heute Anmaßung, Arroganz, Überheblichkeit und Lieblosigkeit. Durch die Romanfigur Ransom bringt Lewis seine leidenschaftliche Überzeugung zum Ausdruck, dass christlicher Glaube kein allgemeiner Geist-Glaube ist, sondern auf einer konkreten geschichtlichen Grundlage beruht. In Jesus betritt Gott selbst die Welt – als Person. Wenn der Glaube an ihn als Mittel zum Zweck instrumentalisiert wird, um ein höheres Ziel zu erreichen, macht sich der Mensch selbst – wie Weston hier – zum Gott. Und letztlich ist er damit auf dem Weg, sich selbst abzuschaffen.

» Wann begegnen mir solche Menschen, die von sich behaupten, über alles erhaben zu sein und über den Dingen zu stehen?
» Wo komme ich in Versuchung zu meinen, ich wüsste alles ganz genau?
» Warum führt mich der Glaube an einen konkreten Gott und die Befolgung klar formulierter Gebote in eine größere Freiheit hinein als die Meinung, dass alles irgendwie göttlich ist?

» Ich danke Gott, dass er sich konkret in der Geschichte offenbart hat und dass er nicht nur allgemeiner Geist, sondern konkrete Person ist.
» Ich bin dankbar für den Weg, den Jesus vom Himmel nach unten auf die Erde gegangen ist.
» Ich bitte Gott, dass er mir immer wieder die Augen öffnet über meine eigenen Abgründe, Egoismen, Überheblichkeiten, d. h. meine Sünde.

Tag 6

Objektiv gültige Werte?

„Entweder sind wir vernunftbegabter Geist und für immer dazu verpflichtet, den absoluten Werten des Tao zu gehorchen, oder wir sind bloße Natur, dazu da, in neue Formen geknetet und gehauen zu werden, je nach dem Belieben von Herren, die voraussetzungsgemäß kein anderes Motiv haben können als ihre eigenen ‚natürlichen' Impulse. Nur das Tao liefert ein allgemein-menschliches Gesetz des Handelns, das sowohl Herrscher wie Beherrschte überwölbt. Ein dogmatischer Glaube an den objektiven Wert ist Voraussetzung für die Idee einer Herrschaft, die nicht Tyrannei, und eines Gehorsams, der nicht Sklaverei ist. […] Der Prozeß, der, falls man ihm nicht Einhalt gebietet, den Menschen zerstören wird, spielt sich unter Kommunisten und Demokraten ebenso augenfällig ab wie unter Faschisten. Die Methoden mögen sich zunächst in der Brutalität unterscheiden. […]. Das traditionelle Wertsystem soll ‚abgetakelt' und die Menschheit in eine neue Form umgeprägt werden, nach dem Willen (einem, wie gezeigt, unberechenbaren Willen) einiger glücklicher Leute der einen glücklichen Generation, die gelernt hat, wie man es macht. […] Man kann nicht endlos wegerklären, sonst wird man plötzlich feststellen, daß man die Erklärung selbst wegerklärt hat. Man kann nicht endlos die Dinge ‚durchschauen'. Durch sie hindurchschauen hat nur Sinn, wenn man durch sie hindurch etwas sieht. Es ist gut, daß ein Fenster durchsichtig ist, weil die Straße oder der Garten dahinter undurchsichtig sind. Wie, wenn man auch durch den Garten hindurchsehen könnte? Es führt zu nichts, die Ersten Prinzipien ‚durchschauen' zu wollen. Wenn man durch alles hindurchschaut, dann ist alles durchsichtig. Aber eine völlig durchsichtige Welt ist unsichtbar geworden. Wer alles durchschaut, sieht nichts mehr."

(Die Abschaffung des Menschen, 74f.81f)

„Höre, Israel, der HERR ist unser Gott, der HERR ist einer. Und du sollst den HERRN, deinen Gott, lieb haben von ganzem Herzen, von ganzer Seele und mit all deiner Kraft. Und diese Worte, die ich dir heute gebiete, sollst du zu Herzen nehmen und sollst sie deinen Kindern einschärfen und davon reden, wenn du in deinem Hause sitzt oder unterwegs bist, wenn du dich niederlegst oder aufstehst.“ (5Mose 6,4-7)

Auf welcher soliden Grundlage können wir als Einzelne und als Gemeinschaft unser Leben gestalten? Viele denken, dass man so etwas gar nicht braucht und jeder seinen eigenen Weg finden sollte. Oder sie vermuten, dass es eine solche Grundlage, die für alle verbindlich ist, gar nicht geben kann, weil die Werte in verschiedenen Kulturen so unterschiedlich sind. Lewis würde hier widersprechen. In seinem Buch „Die Abschaffung des Menschen“ (1943) – vielleicht das ernsteste, das er überhaupt geschrieben hat – beschreibt er, dass es eine Art moralische Ordnung dieser Welt gibt, die in ihren Grundzügen zu allen Zeiten und an allen Orten ziemlich ähnlich ist. Er nennt diese Basis das „*Tao*" und versteht darunter z. B. ein allgemeines Bewusstsein von Richtig und Falsch sowie von Gut und Böse. Lewis ist davon überzeugt, dass diese Prinzipien grundsätzlich klar sind und auf der Hand liegen – auch wenn sie im Einzelnen immer wieder in Vergessenheit geraten, verschüttet oder verbogen sein können. Dann gilt es aber, sich wieder daran zu erinnern, sie wieder freizulegen oder neu durchzusetzen. Hinter solche Grundüberzeugungen kann man nicht mehr zurückgehen. Sie sind schlicht der Grund, der gesetzt ist und den es zu akzeptieren gilt. Wenn wir diesen Codex infrage stellen, steht unser Menschsein auf dem Spiel.

Eine solche Vorstellung ist natürlich eine Provokation für jede Zeit, die selbst ihre Werte setzen will und jegliche Objektivität leugnet. Lewis ist an diesem Punkt höchst skeptisch und meint, bei einer solchen Überheblichkeit könne nichts Gutes – höchstens eine neue Tyrannei – herauskommen. Wenn nichts „Undurchschaubares", Festes, Gesetztes mehr stehen bleibt und alles diskutabel ist, dann verwandelt sich Humanität oft genug in Bestialität. Echte Autorität und einfältiger Gehorsam können hingegen Leben fördern, wenn die Werte, auf denen sie basieren, transparent und akzeptiert sind.

In seinem Buch „Das Gespräch mit Gott. Beten mit den Psalmen" (1958) zeichnet Lewis schließlich Jesus in dieses Koordinatensystem ein: Jesus hat keine radikal neue Ethik gelehrt, sondern bezieht sich auf die besten Lehrer innerhalb und außerhalb des Judentums, um den ursprünglichen Gehalt ihrer Lehre freizulegen. So erfüllt Jesus die Tora, das jüdische Gesetz, bringt die von Lewis als „*Tao*" bezeichnete moralische Grund- und Wertordnung zu Geltung und gibt auch die Kraft, sie zu erfüllen.

» Was löst der Gedanke an eine objektive, moralische Grundordnung, die für alle Menschen verbindlich ist, in mir aus?
» Von welchen Seiten her wird diese heute infrage gestellt?
» Welche ethischen Werte sind für mich letztgültig verbindlich?

» Ich bin dankbar, dass Jesus alles ethisch Gute dieser Welt zum Leuchten bringt und uns zeigt, was wahre Menschlichkeit ist.
» Ich danke Gott, dass er uns allen ein grundlegendes Bewusstsein und einen Kompass für gut und schlecht, richtig und falsch gegeben hat.
» Ich bitte Gott, dass er mir immer wieder dabei hilft, hier klar zu sehen und diese Werte zu leben – gerade dann, wenn sie verschüttet sind.

Tag 7
Glaube als Mythos?

„Wenn die Theologie sagt, daß den Christen und (zuvor) den Juden eine besondere Erleuchtung zuteil wird, sagt sie doch auch, daß allen Menschen eine gewisse göttliche Erleuchtung gewährt wird. Das göttliche Licht, so wird uns gesagt, ‚erleuchtet alle Menschen'. Darum sollten wir damit rechnen, auch in den Vorstellungen großer heidnischer Lehrer und Mythen-Erfinder einen Abglanz des Themas vorzufinden, das für uns Grundriss der gesamten Weltengeschichte ist – des Themas von Menschwerdung, Tod und Wiedergeburt. Aber auch die Unterschiede zwischen den heidnischen Christussen (Baldur, Osiris usw.) und Christus selbst sollten wir erwarten: Die heidnischen Geschichten drehen sich alle um ein Wesen, das stirbt und wiederaufersteht, sei es jedes Jahr, oder sei es, daß niemand Zeit und Stunde kennt. Die christliche Geschichte hingegen dreht sich um eine historische Persönlichkeit, deren Hinrichtung unter einem namentlich bekannten römischen Staatsbeamten ziemlich genau datierbar ist und von der eine direkte Verbindung bis in unsere Tage gezogen werden kann. Dabei geht es nicht so sehr um die Unterscheidung zwischen wahr und unwahr als um die Unterscheidung zwischen einem tatsächlichen Ereignis einerseits und verschwommenen Träumen und Ahnungen von demselben Ereignis andererseits."

(Ist Theologie Dichtung? In: Das Gewicht der Herrlichkeit, 41-58, hier: 49f)

„Das Herzstück des Christenglaubens ist ein Mythos, der zugleich eine historische Tatsache ist. Der alte Mythos vom Sterben und Auferstehen eines Gottes kommt vom Himmel der Legenden und Phantasiegestalten herab. Er geschieht an einem bestimmten Tag, an einem bestimmten Ort. Mit bestimmten geschichtlichen Folgen."

(Der alte Mythos vom sterbenden Gott, in: Gott auf der Anklagebank, 47-53, hier: 52)

„Wahrlich, wahrlich, ich sage euch: Wenn das Weizenkorn nicht in die Erde fällt und erstirbt, bleibt es allein; wenn es aber erstirbt, bringt es viel Frucht. Wer sein Leben lieb hat, der verliert es; und wer sein Leben auf dieser Welt hasst, der wird's bewahren zum ewigen Leben." (Joh 12,24f)

Die Beiträge „Ist Theologie Dichtung?" (ursprünglich ein Vortrag im Oxforder Socratic Club, dessen Vorsitzender Lewis von 1941–1954 war) und „Der alte Mythos vom sterbenden Gott"

veröffentlichte Lewis jeweils 1944. Drei Jahre zuvor hatte der bekannte Marburger Theologe Rudolf Bultmann in seiner Schrift „Neues Testament und Mythologie“ erklärt: *„Man kann nicht elektrisches Licht und Radioapparat benutzen, in Krankheitsfällen moderne medizinische und klinische Mittel in Anspruch nehmen und gleichzeitig an die Geister- und Wunderwelt des Neuen Testaments glauben. Und wer meint, es für seine Person tun zu können, muss sich klar machen, daß er, wenn er das für die Haltung des christlichen Glaubens erklärt, damit die christliche Verkündigung in der Gegenwart unverständlich und unmöglich macht.“*[2]

Auch bei C. S. Lewis spielt der Begriff „Mythos“ in Bezug auf das Auftreten von Jesus eine zentrale Rolle. Aber er füllt diesen Begriff ganz anders und zieht auch völlig andere Konsequenzen als Bultmann, mit dessen Ansatz sich Lewis immer wieder auseinandersetzte. Nie würde Lewis wie Bultmann sagen, das Neue Testament müsse „entmythologisiert“ werden, damit man es als moderner Mensch verstehen könne. Vielmehr ist der Mythos die angemessene Form, in der man die biblische Botschaft überhaupt nur verstehen kann. Für Lewis ist ein Mythos etwas ganz anderes als ein „Märchen“, nämlich eine Art großes „Motiv“, das sich durch die gesamte Literatur- und Religionsgeschichte zieht: Menschwerdung, Tod und Wiedergeburt. Diesen Kreislauf, den man auch in der Natur beobachten kann und von dem viele Legenden berichten, nimmt der lebendige Gott auf und vollzieht ihn historisch: In Jesus betritt Gott selbst die Bühne der Weltgeschichte und wird Mensch. Er stirbt an einem Kreuz, wird begraben und steht von den Toten wieder auf. Mit der Betonung, dass dieses Geschehen eine historische Tatsache ist, und dem Verweis, dass das auch durchaus für die Wunder Jesu anzunehmen ist, unterscheidet sich Lewis ebenfalls von Bultmann.

Wir brauchen also das Wunderhafte nicht auszublenden, um die Bibel zu verstehen – ganz im Gegenteil. Dabei besteht aber ein entscheidender Unterschied zwischen dem *geschichtlichen Ereignis*, dass Gott durch Jesus in diese Welt gekommen, gestorben und auferstanden ist, und den vielen *Legenden* mit ähnlichem Motiv, obwohl sie alle in der Form des Mythos erzählt werden.

Mythen erzählen etwas, das für alle Menschen von Bedeutung ist, ohne dass es dabei auf einen Begriff gebracht werden kann. Lewis war sein ganzes Leben lang von Mythen aller Art – vor allem von den nordischen – fasziniert. Als er Christ wurde, hatte er den unvergleichlichen Mythos kennengelernt, in dem sich alle anderen spiegeln.

» Halten Sie die in den Evangelien berichteten Ereignisse des Lebens und Sterbens sowie der Auferstehung von Jesus für historisch gut belegt?
» Was unterscheidet diesen „Mythos“ von anderen Mythen?
» Warum berührt uns dieses Geschehen nicht nur mit dem Verstand?

» Ich danke Gott, dass er in Jesus historisch greifbare Spuren hinterlässt.
» Ich bin dankbar, dass die Sehnsüchte, von der die Mythen der Welt berichten, in der einen großen Geschichte, die die Bibel erzählt, ihre Erfüllung finden.
» Ich bitte Gott darum, dass ich das Staunen nie verlerne und immer wieder durchbuchstabiere, welche Bedeutung Jesus für mich hat.

Tag 8
Unwissenschaftlicher Glaube?

„Das so oft gemalte Bild von den Christen, die sich auf einem immer schmaler werdenden Küstenstreifen aneinanderdrängen, während die Flut der ‚Wissenschaft' immer höher und höher steigt, läßt sich aufgrund meiner Erfahrung nicht bestätigen. […] Beruht das ganze Gebäude des modernen Naturalismus also nicht auf eindeutigen Beweisen, sondern lediglich auf einem metaphysischen Vorurteil? Wurde es aufgerichtet, nicht um Tatsachen zu belegen, sondern um Gott auszuklammern? […] Aber als Ganzes läßt sich die Wissenschaft bestens in die Theologie einordnen. Gehe ich davon aus, daß der Verstand vor der Materie existierte und das Licht dieses Ur-Verstandes unseren begrenzten Verstand erleuchtet, so kann ich einsehen, daß die Menschen durch Beobachtungen und Rückschlüsse zu einer Vielzahl von Erkenntnissen über ihr Universum kommen können. Wenn ich aber die wissenschaftliche Kosmologie für bare Münze nehme, kann ich weder den christlichen Glauben noch die Wissenschaft selbst irgendwo einordnen. […] Die Welt, die ich wachend erlebe, ist deshalb realer, weil in ihr auch unsere Traumwelt Platz hat; die Traumwelt ist weniger wirklich, weil in ihr unsere wache Welt keinen Platz hat. Aus diesem Grund bin ich sicher, daß ich vom Träumen zum Wachsein übergewechselt bin, als ich vom wissenschaftlichen Standpunkt zum theologischen überwechselte. In die christliche Theologie lassen sich sowohl die Wissenschaft als auch Kunst, Moral und primitivere Religionen einordnen. Die wissenschaftliche Sicht kann nicht eines dieser Themen einordnen, noch nicht einmal die Wissenschaft selbst. Ich glaube an Christus, so wie ich glaube, daß die Sonne aufgegangen ist, nicht nur, weil ich sie sehe, sondern weil ich durch sie alles andere sehen kann."

(Ist Theologie Dichtung? In: Das Gewicht der Herrlichkeit, 41-58, hier: 53-58)

„Er ist das Ebenbild des unsichtbaren Gottes, der Erstgeborene vor aller Schöpfung. Denn in ihm ist alles geschaffen, was im Himmel und auf Erden ist, das Sichtbare und das Unsichtbare, es seien Throne oder Herrschaften oder Mächte oder Gewalten; es ist alles durch ihn und zu ihm geschaffen. Und er ist vor allem, und es besteht alles in ihm. [...] In ihm liegen verborgen alle Schätze der Weisheit und der Erkenntnis." (Kol 1,15-17; 2,3)

Der letzte Satz ist das vielleicht am meisten verwendete Lewis-Zitat überhaupt. Es bringt die Größe und das nahezu alles Umgreifende des christlichen Glaubens zum Ausdruck. Im Banne des ständigen Fortschritts der (Natur-)Wissenschaft schauen viele Menschen eher abschätzig auf das Christentum, als hätte der Glaube nur dort Raum, wo man etwas (noch) nicht erklären kann. „Glaube ist unwissenschaftlich!" – Christen begegnet dieses Vorurteil häufig; meist wird es nicht belegt. Lewis schaut tiefer hin und dreht den Spieß um. Er bestimmt christliche Theologie als das umfassende Ganze, das sowohl die Wissenschaften als auch Kunst, Moral und andere Religionen als kleinere Bereiche beeinflusst, während das umgekehrt nicht der Fall ist. Durch den Glauben können wir vieles andere neu und umfassender sehen, während der Glaube nicht einfach aus anderem ableitbar ist. Das wiegt die Tatsache, dass wir nicht unmittelbar in die Sonne selbst – Jesus – hineinsehen können, mehr als auf. Lewis ermutigt uns hier dazu, dass wir den Glauben nicht zu klein denken. Das Problem für ihn ist niemals eine ernsthaft betriebene Wissenschaft – noch dazu, wenn sie sich ihrer Grenzen und Methodik bewusst ist –, sondern ein Naturalismus, der die Existenz Gottes von vorn herein ausblendet und alles rein materialistisch erklären möchte.

Wenn christlicher Glaube im Namen der „Wissenschaft" angegriffen oder belächelt wird, dann lohnt es sich, auf die Voraussetzungen zu blicken, mit denen hier argumentiert wird. Gegen den Materialismus führt Lewis an, dass zuerst ein Schöpfer – und mit ihm Verstand – da ist und aus seinem Wirken erst die Materie entsteht. So können wir auch mit unserem Verstand Dinge beobachten und erkennen. Unsere Gedanken, Träume, Vorstellungen und auch unser Geist bekommen so einen viel höheren Wert als in einem materialistischen Weltbild. Mit „eindeutigen Beweisen" selbst sollte man außerhalb der reinen Mathematik ohnehin sehr vorsichtig sein. Entscheidender Bezugspunkt ist für Lewis immer das Ganze, das er wachend erlebt – nicht eine Welt, die rein rational, abstrakt oder im Labor gedacht wird.

» Wo begegnet mir der Gegensatz zwischen Glauben (als Nicht-Wissen) und Wissenschaft (mit „sicheren" Erkenntnissen) im Alltag?
» An welchen Punkten habe ich Schwierigkeiten, Glauben und Denken zu verbinden? Wie kann ich meinen Glauben als Vertrauen in den lebendigen Gott stärken?

» In welchen Bereichen der (Natur-)Wissenschaft, aber auch der Kunst und der Kultur haben gerade Christen Bahnbrechendes geleistet?

» Ich danke Gott, dass ich durch den Glauben so vieles umfassender und tiefer entdecken und wahrnehmen darf.
» Ich bin dankbar, dass es Wissenschaft, Kunst und Kultur gibt.
» Ich bitte Gott, dass Christen selbstbewusst ihren Glauben einbringen und sich nicht durch Totschlagargumente entmutigen lassen.

Tag 9
Entscheidung für Gott?

„Das Merkwürdige war, daß ich, bevor Gott mich einholte, sogar etwas geboten bekam, was heute wie ein Moment der vollkommen freien Wahl erscheint. […] Mir wurde bewußt, daß ich etwas auf Abstand hielt, oder etwas aussperrte. Oder, wenn Sie so wollen, daß ich irgendeine steife Kleidung trug, wie ein Korsett oder gar eine Rüstung, als wäre ich ein Hummer. Ich spürte, wie mir dort und in diesem Moment eine freie Wahl angeboten wurde. Ich konnte die Türen öffnen oder verschlossen lassen; ich konnte die Rüstung ablegen oder anbehalten. Keine der Alternativen wurde mir als Pflicht dargestellt; und an keine waren Drohungen oder Verheißungen geknüpft, obwohl ich wußte, daß ich mich auf etwas Unberechenbares einließ, wenn ich die Tür öffnete oder das Korsett abnahm. Die Wahl schien von tiefgreifender Bedeutung zu sein, doch sie war gleichzeitig auch merkwürdig emotionslos. Ich wurde nicht von Wünschen oder Ängsten getrieben. In gewissem Sinne wurde ich von gar nichts getrieben. Ich entschied mich, aufzumachen, die Rüstung abzulegen, den Zügel zu lockern. Ich sage ‚Ich entschied mich', doch es schien eigentlich gar nicht möglich zu sein, das Gegenteil zu tun. […] Wie ich schon sagte, war es vielleicht immer noch so, daß mein ‚Geist' sich in mancher Hinsicht von ‚dem Gott der populären Religion' unterschied. Doch mein Gegner überging diesen Punkt. Er sagte nur: ‚Ich bin der Herr'; ‚Ich bin, der ich bin'; ‚Ich bin.' […] Liebenswerte Agnostiker reden immer so fröhlich von der ‚Suche des Menschen nach Gott'. Aus meiner damaligen Sicht hätten sie genausogut über die Suche der Maus nach der Katze reden können."

(Überrascht von Freude, 268-273)

„Auch ihr wart tot durch eure Übertretungen und Sünden. [...] Aber Gott, der reich ist an Barmherzigkeit, hat in seiner großen Liebe, mit der er uns geliebt hat, auch uns, die wir tot waren in den Sünden, mit Christus lebendig gemacht – aus Gnade seid ihr gerettet – und er hat uns mit auferweckt und mit eingesetzt im Himmel in Christus Jesus. [...] Denn aus Gnade seid ihr gerettet durch Glauben, und das nicht aus euch: Gottes Gabe ist es, nicht aus Werken, damit sich nicht jemand rühme." (Eph 2,1.4-6.8f)

Im Herbst 1957 veröffentlichte der längst weltweit bekannte Lewis mit „Überrascht von Freude" seine Autobiografie. Der englische Originaltitel „Surprised by Joy" hat dabei nichts mit Joy Davidman zu tun – der Frau, die Lewis ein halbes Jahr später heiraten sollte. Die Überraschung und Freude, auf die sich das gesamte Buch zubewegt, ist seine Entdeckung des christlichen Glaubens (zum Weg dahin vgl. morgen, Tag 10).

In frommen Kreisen hört man manchmal: „An diesem oder jenem Tag habe ich mich dafür entschieden, an Jesus zu glauben." Aber ist das wirklich eine Sache der freien Wahl? Martin Luther hat im 16. Jahrhundert im Streit mit dem großen Humanisten Erasmus von Rotterdam mit dem Verweis auf unser „Tot-Sein in unseren Sünden" (Eph 1,1) betont, dass wir im Blick auf unser Heil keinen freien Willen haben und uns nicht von uns aus auf Gott zubewegen können.

Was können wir nun in dieser Frage von C. S. Lewis lernen? Wie hat er es erlebt, als er zum Glauben kam? Man entdeckt bei ihm dieselbe Linie, die Siegfried Kettling im Buch „Typisch Evangelisch" verfolgt. Zum einen schreibt Lewis, wie in ihm ganz viel passiert: Er wird sich einer Sache „bewusst", empfindet einen „Moment der vollkommen freien Wahl" und „entschied sich, aufzumachen". Zum anderen beschreibt er, dass er Gott gerade nicht gesucht hat, dass dieser ihn „einholte" und dass das alles „etwas Unberechenbares" mit sich brachte.

Lewis bestätigt somit, was auch Luther elementar wichtig war: Wenn ein Mensch zum Glauben kommt, dann erlebt er das psychologisch häufig wie eine bewusste Entscheidung, die er trifft: Nach einem inneren Kampf, einem Hin und Her findet er ein Ja und damit stellen sich eine Gewissheit und ein tiefer Friede, ja – Freude – ein. Wir sind also ganz beteiligt, ganz dabei, wenn das geschieht. Dennoch sind wir nicht die Handelnden – Gott allein ist es. Seine Gnade wirkt alles. Ich werde überführt, gezogen und kann schließlich sagen: „Der HERR ist mir erschienen von ferne: Ich habe dich je und je geliebt, darum habe ich dich zu mir gezogen aus lauter Güte." (Jer 31,3)

Wer tot ist, der kann sich nicht entscheiden. Er muss auferweckt werden. Wer im Gefängnis sitzt, kann die Tür nicht von innen öffnen. Er muss von außen befreit werden. Das tut der Heilige Geist. Aber Gott zwingt keinen Menschen zum Glauben. Er wirbt um uns und möchte, dass wir erkennen: Nur in ihm haben wir das Leben.

» Habe ich schon einmal erlebt, wie Gott mich bei etwas überführt oder zu etwas gezogen hat? Wie hat sich das angefühlt?
» Was bedeutet unsere „Unfreiheit“, wenn ich mit (noch) nicht glaubenden Menschen im Gespräch über Gott bin?
» Welche unterschiedlichen Wege zum Glauben habe ich in meinem Umfeld schon beobachtet?

» Ich danke Gott, dass er mir mit Gnade und Wahrheit begegnet.
» Ich bin dankbar, dass Gott nicht lockerlässt und uns nicht aufgibt.
» Ich bitte Gott, dass er mich dort, wo ich ihn noch auf Abstand halte, heilsam zurechtbringt und überführt.

Tag 10
Ist Glaube Kopfsache?

„Anfang 1926 saß mir in meinem Zimmer der hartgesottenste aller Atheisten, die ich je kannte, am Kamin gegenüber und bemerkte, die Evidenz für die Historizität der Evangelien sei eigentlich überraschend gut. […] Um die niederschmetternde Wirkung zu begreifen, die das auf mich hatte, müssten Sie den Mann kennen. […] Dann kam die Erschütterung auf der imaginativen Ebene. Ich fühlte mich wie ein Schneemann, der endlich zu schmelzen beginnt. Die Schmelze begann in meinem Rücken – zuerst tropf-tropf und dann plätscher-plätscher. Ich mochte das Gefühl nicht besonders. […] Wirklich, ein junger Atheist kann seinen Glauben nicht sorgfältig genug hüten. Allenthalben lauern Gefahren auf ihn. […] All meine Taten, Wünsche und Gedanken mußten in Harmonie mit dem universalen Geist gebracht werden. Zum ersten Mal erforschte ich mich mit einer ernsthaften, praktischen Absicht. Und was ich dabei fand, entsetzte mich; ein Zoo der Gelüste, ein Irrenhaus der Ambitionen, ein Kinderzimmer der Ängste, ein Harem der gehätschelten Hassgefühle. […] Vor allen anderen Dingen hatte ich immer gewollt, daß man sich nicht in meine Angelegenheiten ‚einmischte'. Ich hatte (welch ein wahnsinniger Wunsch) ‚meine Seele mein eigen nennen' wollen. Ich war weit ängstlicher darauf bedacht gewesen, Leiden von mir fernzuhalten, als Glück zu finden. […] Was ich so sehr fürchtete, hatte mich endlich eingeholt. Im Trinity Term 1929 lenkte ich ein und gab zu, daß Gott Gott war, und kniete nieder und betete; vielleicht in jener Nacht der niedergeschlagenste und widerwilligste Bekehrte in ganz England."

(Überrascht von Freude, 268-274)

„Verlass dich auf den HERRN von ganzem Herzen, und verlass dich nicht auf deinen Verstand, sondern gedenke an ihn in allen deinen Wegen, so wird er dich recht führen. Dünke dich nicht, weise zu sein, sondern fürchte den HERRN und weiche vom Bösen. Das wird deinem Leibe heilsam sein und deine Gebeine erquicken." (Spr 3,5-8)

Erst jenseits seines 30. Lebensjahres begann sich C. S. Lewis dem christlichen Glauben zuzuwenden. Es war ein schrittweiser Prozess, den wir in seinen Grundzügen rekonstruieren können, auch wenn die Datierung einzelner Ereignisse unsicher ist. Ein erster Schritt war die Hinwendung zu einem einfachen allgemeinen Glauben an einen Gott. Der Atheist Lewis wurde ein Theist. Seiner eigenen Schilderung nach geschah das „im Trinity Term 1929" – also im Zeitraum April bis Juni 1929. Alister McGrath kommt hier in seiner großen wissenschaftlichen Lewis-Biografie nach Auswertung aller Quellen zu dem Ergebnis, dies sei erst genau ein Jahr später passiert.

Wie dem auch sei – wir können klar festhalten, dass der

Übergang vom Atheismus zum Theismus der Beginn seiner Glaubensreise war. Ein wichtiges Datum ist schließlich der 19. September 1931: Nach einem nächtlichen Gespräch mit seinem Freund J. R. R. Tolkien, dem Autor der Trilogie „Der Herr der Ringe", erkennt Lewis, dass das Christentum ein „wahrer Mythos" ist (vgl. Tag 7). Damit war für ihn eine offenbar wichtige intellektuelle Frage geklärt. Knapp zwei Wochen später schrieb Lewis an seinen Freund Arthur Greeves, dass er nun von einem allgemeinen Gottesglauben zum Glauben an Christus übergegangen sei. Bei der Frage, wann er sich bewusst wurde, dass Christus tatsächlich Gott ist, gehen die traditionellen Einschätzungen (September 1931) und die Datierung von Alister McGrath (Juni 1932) wieder auseinander – klar ist aber, dass ihm diese Erkenntnis bei einer Fahrt in den Zoo von Whipsnade kam. In einem Brief teilte Lewis seinem Freund Greeves am 29. Oktober 1930 mit, dass er nun die College-Gottesdienste besuche. Belegt ist auch, dass Lewis am ersten Weihnachtstag 1931 zum ersten Mal als Erwachsener an einer Abendmahlsfeier teilnahm.

Immer tiefer erkannte Lewis also die Zusammenhänge und die tiefe Wahrheit des christlichen Glaubens. Deutlich wird, dass christlicher Glaube eben mehr ist als ein „Glaube an ein höheres Wesen": Er steht und fällt damit, dass Jesus, der Christus, tatsächlich Gott ist – eine Einsicht, die Lewis dann später leidenschaftlich verteidigen sollte.

Eindrücklich an Lewis' Schilderung ist auch, dass Glaube für ihn zum einen eine rationale Seite hat – die Erkenntnis, dass die Evangelien auf solidem historischem Grund stehen, war für ihn ebenso wichtig wie die Entdeckung, dass das Christentum ein „wahrer Mythos" ist. Niemals hätte Lewis auf seiner Glaubensreise den Verstand opfern wollen – und das schärfte er später auch seinen Hörern und Lesern ein. Zum anderen ist der Glaube aber nicht nur Kopfsache: Lewis kennt die tiefen emotionalen und existenziellen Erschütterungen, die seine neu entdeckte Verbindung zu Jesus mit sich brachten.

» Ist mir der Unterschied zwischen allgemeinem Gottesglauben, Glauben an Christus und Glauben an seine Göttlichkeit bewusst?
» Möchte ich mehr von der Tiefe des christlichen Glaubens erkennen?
» Welche existenziellen Erschütterungen durch Gott habe ich erlebt?

» Ich bin dankbar, dass mich das Denken zum Glauben führen kann.
» Ich danke Gott, dass er jeden Menschen rational oder emotional, direkt oder indirekt so ansprechen kann, dass Glaube entsteht.
» Ich bitte Gott, dass er mir hilft, ehrlich auf mein Leben zu schauen.

Tag 11

Glauben wollen?

„Autorität, Vernunft, eigene Erfahrung; auf diesen dreien, in unterschiedlicher Mischung, beruht unser ganzes Wissen. […] Ich nun definiere Glauben als die Fähigkeit, so lange unverbrüchlich an etwas festzuhalten, was wir einmal aufrichtig als wahr erkannt haben, bis einer uns zwingende Gründe vorbringt, ebenso aufrichtig unsere Meinung zu ändern. […] Man meint immer, Glaubensschwierigkeiten seien intellektuelle Schwierigkeiten, ein Mensch also, der einmal eine bestimmte Lehre angenommen hätte, hielte automatisch daran fest, bis echte Gründe ihn davon abbrächten. Nichts könnte oberflächlicher sein. Wie viele von den Studenten, die aus gläubigen Elternhäusern frisch nach Oxford kommen und im ersten Jahr ihren christlichen Glauben verlieren, sind wohl in ehrlicher Auseinandersetzung vom Gegenteil überzeugt worden? Wie viele unserer eigenen vorübergehenden Glaubenskrisen haben eine rationale Basis, die auch nur einen Augenblick einer Prüfung standhielte? Ich weiß nicht, wie es andern geht, aber für mich genügt erfahrungsgemäß schon ein Ortswechsel, um meinen Glauben vorübergehend zu schwächen. […] Unser Glaube an Jesus Christus kommt nicht dann ins Wanken, wenn ihm echte Argumente entgegenstehen, sondern wenn er unwahrscheinlich aussieht – wenn die ganze Welt für uns dieses trostlose Aussehen bekommt, das in Wirklichkeit viel mehr über unsere Gemütsverfassung oder sogar unsere Verdauung aussagt als über die Wahrheit. […] Wenn wir Menschen zum Glauben als zu einer Tugend ermahnen, zum willentlichen Entschluss, an gewissen Glaubensüberzeugungen festzuhalten, dann ermahnen wir sie dagegen nicht, gegen die Vernunft zu kämpfen. Der Wille, am Glauben festzuhalten, ist nötig.“

(Glaube – Ersatz oder echtes Leben?; in: Gedankengänge, 65-73, hier: 70-73)

„Von da an wandten sich viele seiner Jünger ab und gingen hinfort nicht mehr mit ihm. Da sprach Jesus zu den Zwölfen: Wollt ihr auch weggehen? Da antwortete ihm Simon Petrus: Herr, wohin sollen wir gehen? Du hast Worte des ewigen Lebens; und wir haben geglaubt und erkannt: Du bist der Heilige Gottes. [...] Ich bin der Weinstock, ihr seid die Reben. Wer in mir bleibt und ich in ihm, der bringt viel Frucht; denn ohne mich könnt ihr nichts tun." (Joh 6,66-69; 15,5)

Glaube ist kein Sprint, sondern ein Dauerlauf. Es geht nicht darum, schnell alle möglichen Erfahrungen zu machen und dann erschöpft in den Seilen zu hängen. Das Feuer des Anfangs, das viele empfinden, die neu zum Glauben kommen, will nicht nur zu Beginn kräftig lodern, sondern eine beständige Glut werden. Jesus hat in seinem etwa dreijährigen öffentlichen Wirken in Israel erlebt, dass sich Menschen, die ihm einmal nachgefolgt sind, wieder von ihm abgewandt haben. Auch C. S. Lewis hat die schmerzliche Erfahrung gemacht, dass viele Oxforder Studenten, die aus christlich geprägten Elternhäusern kommen, ihren Glauben in den ersten Monaten am neuen Wohnort an den Nagel hängen. Worin liegen die Ursachen?

Lewis ist davon überzeugt, dass nicht intellektuelle Gründe ausschlaggebend sind. Der Glaube muss vernünftige Argumente, die ihn infrage stellen, nicht fürchten. Damit kann ich mich auseinandersetzen, sie prüfen und nach angemessenen Antworten suchen – wenn ich es denn will. Und genau das ist der Punkt: Was viel wirksamer angegriffen werden kann als unser Verstand ist unser Wille – unser Verlangen, mit dem lebendigen Gott verbunden zu sein. Mangelnde Konsequenz, fehlende Disziplin und schwach ausgeprägtes Durchhaltevermögen können dazu führen, dass der Glaube abstirbt.

Das alles ist eher ein schleichender Prozess, der geistliches Leben zersetzt. Wenn Glaube vor allem eine Vertrauensbeziehung zu Jesus Christus ist, dann will diese gepflegt werden – so wie menschliche Freundschaften auch. Dazu gehört, dass man miteinander redet und sich austauscht, Zeit miteinander verbringt, ehrlich zueinander ist, die Nähe des anderen spürt und immer wieder frische Gedanken aufnimmt. Um an Jesus, dem Weinstock, dranzubleiben und ein fruchtbares Leben zu führen, ist es wichtig, dass ich einen geistlichen Lebensstil einübe und mir gute Gewohnheiten zu eigen mache. Dahinter verbirgt sich nichts Spektakuläres, sondern es geht hier um eher einfache Dinge wie Gebet, das Lesen der Bibel, den Besuch des Gottesdienstes und den Empfang des Abendmahls. Praktizierter Glaube stärkt mich, wenn ich durch Krisen gehe. Was hier innerlich angegriffen wird, ist viel mehr mein Herz als mein Verstand. Der Wille, dennoch stets an Gott zu bleiben (vgl. Tag 13), trägt mich durch. Dunkle, trübe Tage, in denen mir der Glaube ganz einfach zwischen den Fingern zu zerrinnen droht, werden früher oder später für jeden kommen. Es ist gut, von Anfang an damit zu rechnen. Dann stellt sich die Frage, was das Vertrauen zu Gott stärken kann. Lewis plädiert dafür, hier den eigenen Willen ins Visier zu nehmen – denn wie andere Tugenden auch ist der Glaube eine Haltung, die eingeübt werden will.

» Auf welche Weise habe ich schon einmal erlebt, dass mein Glaube infrage gestellt oder angegriffen wurde? Worin lagen die Ursachen? Welche guten Gewohnheiten stärken meine Beziehung zu Gott?

» Wie kann ich Menschen unterstützen, deren Glaube „weggrutscht"?

» Ich danke Gott, dass er mich mit allen nötigen geistlichen Nährstoffen versorgt.

» Ich bin dankbar für alle Ermutigung durch Glaubensgeschwister.

» Ich bitte Gott, dass er mir hilft, mich nicht nur oberflächlich durch den Alltag treiben zu lassen, sondern im Glauben Tiefe zu gewinnen.

Tag 12
Bild statt Original?

„Ich brauche Christus – nicht etwas, was Ihm gleicht. Ich will H. – nicht etwas, was ihr ähnelt. Eine wirklich gute Fotografie könnte am Ende zur Schlinge werden, zu einem Graus und einem Hindernis. Bilder haben ihren Nutzen, so muss ich wohl annehmen; sonst wären sie nicht so beliebt und verbreitet. (Es macht wenig aus, ob es sich um Gemälde und Standbilder außerhalb des Geistes handelt oder um Gebilde der Fantasie im Innern.) Mir aber steht vor allem ihre Gefährlichkeit vor Augen. Bilder des Heiligen werden leicht zu heiligen Bildern – sakrosankt. Meine Vorstellung von Gott ist nicht göttlich. Sie muss von Mal zu Mal zertrümmert werden. Er selbst zertrümmert sie. Er ist der große Bilderstürmer. Ließe sich nicht beinahe sagen, dieses Zertrümmern sei ein Merkmal Seiner Gegenwart? Das großartigste Beispiel ist die Fleischwerdung; sie zerstört alle früheren Messias-Vorstellungen. Und die meisten nehmen ‚Ärgernis' an der Bilderstürmerei; und selig, wer es nicht tut. […] Jede Wirklichkeit ist bilderstürmerisch. Die irdische Geliebte triumphierte schon in diesem Leben unaufhörlich über deine Vorstellungen von ihr. Und das wünscht man sich auch; man wünscht sich die Geliebte mit all ihrem Widerstand, all ihren Fehlern, allem Unerwarteten, das heißt, ihre standfeste und selbstständige Wirklichkeit. Und noch nach ihrem Tod sollen wir diese lieben und nicht irgendein Bild oder eine Erinnerung. […] Nicht meine Vorstellung von Gott, sondern Gott. Nicht meine Vorstellung von H., sondern H. Jawohl, und auch nicht meine Vorstellung vom Nächsten, sondern den Nächsten. […] Richtet sich unser Reden und Handeln häufig nicht an den Menschen selbst, sondern an das Bild – ich möchte es fast einen Abriss nennen –, das wir uns im Geist von ihm machen? Und er muss sich schon recht weit davon entfernen, ehe wir die Tatsache auch nur bemerken."

(Über die Trauer, 70f)

„Du sollst dir kein Bildnis noch irgendein Gleichnis machen, weder von dem, was oben im Himmel, noch von dem, was unten auf Erden, noch von dem, was im Wasser unter der Erde ist: Bete sie nicht an und diene ihnen nicht! Denn ich, der HERR, dein Gott, bin ein eifernder Gott, der die Missetat der Väter heimsucht bis ins dritte und vierte Glied an den Kindern derer, die mich hassen, aber Barmherzigkeit erweist an vielen Tausenden, die mich lieben und meine Gebote halten." (2Mose 20,4-6)

Am 13. Juli 1960 starb Joy Davidman an Krebs. C. S. Lewis hatte seine Frau vier Jahre zuvor standesamtlich und ein Jahr später auch kirchlich geheiratet. Nun war er förmlich am Boden zerstört. Auch sein Glaube bekam empfindliche Risse und wurde auf eine harte Probe gestellt. Im Januar 1961 erscheint unter dem Pseudonym N. W. Clerk das Buch „Über die Trauer", das Lewis erst drei Jahre später neu unter seinem eigenen Namen herausgab. Es ist sein emotionalstes Werk – eine Achterbahnfahrt, die das Hinabsteigen in die tiefsten Abgründe eines Trauerprozesses einschließt. Obwohl nicht autobiografisch geschrieben – die betrauerte Person heißt einfach „H." – hat Lewis hier auch den Verlust seiner späten Liebe verarbeitet.

In seiner Trauer setzt sich Lewis damit auseinander, wie sich ein Gegenüber als Original zu dem Bild verhält, das man sich in Gedanken vom anderen macht. Zum einen lässt es sich gar nicht vermeiden, dass solche Kopien immer wieder entstehen. Wir lernen jemanden kennen und machen uns ein Bild von ihm, indem wir ihn einschätzen und einordnen. Dabei benutzen wir Kategorien, die uns bereits bekannt sind und dafür zur Verfügung stehen. Zum anderen bleibt aber wichtig, dass wir damit niemals den anderen selbst genau treffen.

Sicher kann man sich einem Gegenüber annähern und ihn recht zutreffend beschreiben. Aber selbst dann wird man ihm oder ihr letztlich nie gerecht. Ein Bild bleibt ein Bild, eine Kopie eine Kopie. Das Original ist einmalig. Die Wirklichkeit selbst sorgt dafür – sie macht den anderen so besonders und liebenswert. Nichts kann eine lebendige Beziehung ersetzen. Deshalb ist es auch so schwer, wenn ein geliebter Mensch gestorben ist.

Wenn ich mir ein Bild von etwas mache, dann ist das zwangsläufig immer schematisch. Das Problem ist, dass ich mein Gegenüber damit fixiere, feststelle und dabei immer auch einenge – im Guten wie im Schlechten. Alles, was kantig, widerständig und dynamisch ist, gerät dabei aus dem Blick. Wenn ich einen Menschen heirate, dann gehe ich die Ehe aber immer mit einem Original ein. Wenn ich an Gott glaube und Jesus nachfolge, dann ist das die Einladung in eine dynamische Beziehung, in der immer wieder meine eigenen Bilder „zertrümmert" werden müssen. Das ist zwar schmerzhaft, bringt mich aber der Wirklichkeit und dem anderen selbst näher.

In seinem ebenfalls 1961 erschienenen Essay „Über das Lesen von Büchern" unterscheidet Lewis zwei Haltungen gegenüber Kunstwerken: Man kann diese benutzen (*use*) oder empfangen (*receive*). Für Letzteres ist es wichtig, sich selbst zurückzunehmen und ganz dem anderen zuzuwenden. Was hier für Gegenstände stimmt, gilt erst recht für unsere Haltung zu Menschen und gegenüber Gott.

» Wo habe ich mir ein falsches Bild von Menschen oder Gott gemacht?
» Was unterscheidet Jesus selbst von allen Kopien in unseren Köpfen?
» Für welche „kantigen Gegenüber“ bin ich trotz aller Mühen dankbar?

» Ich danke Gott, dass er mir überraschend und neu begegnen will.
» Ich bin dankbar für alles, was ich von Gott und anderen empfange.
» Ich bitte Gott, dass ich mich in Begegnungen mehr zurücknehme.

Tag 13

Kann Schmerz wachrütteln?

„Der Mensch wird nicht einmal mit dem Versuch beginnen, den Eigenwillen aufzugeben, solange es ihm rundherum gut zu gehen scheint. […] Gott flüstert in unseren Freuden, er spricht in unserem Gewissen; in unseren Schmerzen aber ruft er laut. Sie sind sein Megaphon, eine taube Welt aufzuwecken. […] Kein Zweifel, der Schmerz als Megaphon Gottes ist ein furchtbares Instrument; er kann zu endgültiger reueloser Rebellion führen. Dennoch ist er für den todkranken Menschen die einzige Gelegenheit der Gesundung. Er reißt den Schleier weg; er pflanzt das Banner der Wahrheit mitten in die aufständige Festung. […] Jedermann hat schon bemerkt, wie schwer es ist, unsere Gedanken auf Gott zu richten, wenn es uns rundherum gut geht. ‚Wir haben alles, was wir brauchen‘: ein schrecklicher Ausspruch, wenn ‚alles‘ Gott nicht einschließt. Wir empfinden Gott als Störung. […] Nun, Gott, der uns geschaffen hat, weiß, was wir sind und daß unser Glück in Ihm liegt. Wir aber wollen es in Ihm nicht suchen, solange Er uns noch irgendeine andere Zuflucht lässt, wo wir es eben noch halbwegs vernünftigerweise vielleicht erwarten dürfen. Solange unser Leben, unser – wie wir sagen – ‚eigenes‘ Leben, angenehm ist, wollen wir es Ihm nicht ausliefern. Was also kann Gott, und zwar in unserem eigenen Interesse, anderes tun, als uns ‚unser eigenes Leben‘ weniger angenehm zu machen und uns wegzunehmen, was sich fälschlich als Quelle des Glückes ausgibt. Gerade hier, wo Gottes Vorsehung auf den ersten Blick äußerst grausam zu sein scheint, verdient die göttliche Demut, das Sich-Niederbeugen des Höchsten, äußerste Rühmung. […] Er beugt sich nieder, um uns zu erobern; Er nimmt uns auf, obwohl wir gezeigt haben, daß wir alles andere sonst Ihm vorziehen und nur zu Ihm kommen, weil jetzt ‚nichts Besseres‘ mehr zu haben ist.“

(Über den Schmerz, 92f.96f)

„Dennoch bleibe ich stets an dir; denn du hältst mich bei meiner rechten Hand, du leitest mich nach deinem Rat und nimmst mich am Ende mit Ehren an. Wenn ich nur dich habe, so frage ich nichts nach Himmel und Erde. Wenn mir gleich Leib und Seele verschmachtet, so bist du doch, Gott, allezeit meines Herzens Trost und mein Teil." (Psalm 73,23-26)

Während „Über die Trauer" (1961) vor allem die persönliche Betroffenheit von Leid und Verlust thematisiert, bietet C. S. Lewis in „Über den Schmerz" (1940) mehr als 20 Jahre zuvor eine brillante intellektuelle Auseinandersetzung mit Leid, Not und Trübsal. Der große katholische Philosophieprofessor Josef Piper meint auf dem Buchrücken: *„Ich halte das Buch über den Schmerz nicht nur für das bedeutendste Werk von C. S. Lewis; vielmehr glaube ich, es dürfte schwer sein, in der gesamten philosophisch-theologischen Literatur unserer Zeit eine Schrift aufzutreiben, die so umfassend, klar, anschaulich, heiter und zugleich ernst von den für den Menschen wichtigen Dingen spricht."*

Ausgehend von der Überzeugung, dass Gott sowohl allmächtig als auch gut ist, setzt sich Lewis mit der Frage auseinander, warum es dann überhaupt Leid geben kann. Während ich diese Zeilen schreibe, gibt es weltweit viel Not und Tod durch das Corona-Virus. Lewis hätte sicher ein Buch über diese aktuelle Situation und die jetzt aufbrechenden Fragen geschrieben, wenn er noch leben würde. Doch auch ohne ein solches Buch kann man Lewis' Denken gut auf die Pandemie beziehen. Er würde wohl sagen, dass Schmerz und Leid „normale" und folgerichtige Begleiterscheinungen der Tatsache sind, dass wir in einer gebrochenen Welt leben, die Gott zwar gut geschaffen hat, in der aber immer wieder das gottlose Böse sein Unwesen treibt. Wie das Böse nicht von Gott kommt, so verursacht er auch nicht Leid und Schmerz. Aber er lässt das eine wie das andere zu, wobei eine einfache und individuelle Aufrechnung von begangener Schuld und daraus resultierendem Unheil als Strafe Gottes nicht möglich ist.

Aber in aller Gebrochenheit dieser Welt liebt Gott uns und redet zu uns auf verschiedene Weise – auch durch den Schmerz. Vieles können wir einfach ignorieren, aber der Schmerz zwingt uns oft zu einer Unterbrechung. Wir können dann nicht einfach weitermachen und sind „genötigt", uns mit tieferen, existenzielleren Fragen auseinanderzusetzen: Woher komme ich? Wozu bin ich hier? Wohin gehe ich? All diese Fragen kommen oft erst in der Krise auf, wenn alles andere ins Wackeln kommt. Die Frage „Warum?" können wir letztlich nicht beantworten, aber Lewis versteht den Schmerz als etwas, das uns wachrütteln und in die Nähe Gottes ziehen und seine Liebe offenbaren kann. Denn mit Blick auf die Ewigkeit sind wir letztlich schlimmer dran, wenn es uns immer gut geht und wir Gott dabei aber nicht kennen, als wenn wir mit ihm an unserer Seite „durchs finstere Tal wandern" (Ps 23,4).

- Man sagt: „Not lehrt beten!“ Habe ich das schon einmal selbst erlebt?
- Wie kann erfahrener Schmerz sensibel und aufmerksam machen?
- Was bedeutet es für Gottes Wesen und meine Beziehung zu ihm, wenn er Leid, Trübsal und dunkle Tage zumindest zulässt?

- Ich danke Gott, dass seine Liebe auch das Schwere durchleuchtet.
- Ich bin dankbar, dass Gott nicht aufgibt, uns zu erobern.
- Ich bitte Gott um ein trotziges „*Dennoch*“ (Psalm 73,23) und den klaren Willen, mich in ihm zu bergen, wenn Unheil über mich kommt.

Tag 14

Gottes besondere Liebe?

„Diese Ur-Liebe ist schenkende Liebe. In Gott ist kein Hunger, der gestillt werden muss, nur Fülle, die schenken will. Die Lehre, daß Gott es nicht nötig hatte, irgend etwas zu schaffen, ist keine trockene Spekulation der Theologen. Sie ist entscheidend. […] Gott, der nichts nötig hat, liebt völlig überflüssige Geschöpfe ins Dasein, um sie zu lieben und zu vervollkommnen. […] Gott ist der ‚Wirt', der absichtlich seine eigenen Parasiten schafft; er ruft uns ins Sein, damit wir ihn ausbeuten und ‚übervorteilen' können. So ist die Liebe. Das ist das Diagramm der Liebe in Person, die alle Arten von Liebe erfunden hat. Gott, der Schöpfer der Natur, hat beides in uns gelegt, schenkende und bedürftige Liebe. […] Die bedürftigen Liebesarten haben, soweit ich es sehe, keine Ähnlichkeit mit der Liebe, die Gott ist. […] Er gibt den Menschen Anteil an seiner eigenen, schenkenden Liebe. Sie ist anders als die schenkende Liebe, die er der menschlichen Natur eingebaut hat. Diese sucht nie ganz ausschließlich das Wohl des geliebten Menschen, einfach um dieses Menschen willen. […] Aber schenkende Liebe göttlicher Art – die Liebe in Person, die in einem Menschen wirkt – ist völlig selbstlos und will einfach das, was für den geliebten Menschen am besten ist. Ferner wendet sich die natürliche schenkende Liebe immer an Menschen, die der Liebende irgendwie in sich selbst liebenswert findet. […] Göttliche schenkende Liebe aber befähigt einen Menschen, die zu lieben, die natürlicherweise nicht liebenswert sind: Aussätzige, Kriminelle, Feinde oder Idioten, die Mürrischen, Überheblichen und die Spötter."

(Was man Liebe nennt, 129-131)

„Darin ist erschienen die Liebe Gottes unter uns, dass Gott seinen eingebornen Sohn gesandt hat in die Welt, damit wir durch ihn leben sollen. Darin besteht die Liebe: nicht dass wir Gott geliebt haben, sondern dass er uns geliebt hat und gesandt seinen Sohn zur Versöhnung für unsre Sünden. Ihr Lieben, hat uns Gott so geliebt, so sollen wir uns auch untereinander lieben. […] Gott ist Liebe; und wer in der Liebe bleibt, der bleibt in Gott und Gott in ihm." (1Joh 4,9-11.16b)

„Was man Liebe nennt" (1960) ist nach „Du selbst bist die Antwort" (1956) und dem Psalmen-Buch „Das Gespräch mit Gott" (1958) das letzte der drei Bücher, die in Lewis' wenigen und späten Ehejahren im intensiven Austausch mit seiner Frau Joy Davidman entstanden sind. Der deutsche Untertitel „Zuneigung, Freundschaft, Eros, Agape" zeigt, welche vier Arten von Liebe der englische Originaltitel „The four loves" meint. Bereits in „Pardon, ich bin Christ" (1952) und den diesen zugrunde liegenden BBC-Vorträgen aus den frühen 40er-Jahren hatte Lewis gezeigt, dass er auch als damaliger Junggeselle zu

Fragen der Sexualität und Ehe etwas zu sagen hat (vgl. Tag 28). Die Grundlage aller menschlichen Arten und Antworten der Liebe bildet für ihn dabei die Liebe Gottes. Diese ist als reine Hingabe durch und durch „schenkende Liebe". Gott kann ganz geben, weil er selbst nichts braucht – das unterscheidet ihn auch von uns Menschen. „Gott ist Liebe" (1Joh 4,16b) – das immerwährende Geben von Liebe von Anfang an ist für Lewis eines der stärksten Argumente für die Wahrheit, dass Gott ein drei-einiger Gott ist: Weil Gott Liebe ist, das Lieben ein Gegenüber und das Geben auch ein Empfangen voraussetzt, muss es für Gottes Liebe von Anfang an auch einen Empfänger gegeben haben. Vor der Schöpfung der Welt und des Menschen kann das folgerichtig nur Gott selbst gewesen sein: Vater, Sohn und Heiliger Geist beschenken und empfangen einander aus reiner Liebe, ohne dass ihnen dabei je etwas fehlen würde. Dieser ewige Kreislauf der Liebe fließt schließlich über zu uns Menschen und zur Welt hin und zeigt uns unsere Bestimmung – nämlich zu lieben. Ähnlich wie Lewis unterschied schon Martin Luther in der Heidelberger Disputation 1518 göttliche und menschliche Liebe: *„Die Liebe Gottes findet das für ihn Liebenswerte nicht vor, sondern erschafft es. Die Liebe des Menschen entsteht aus dem für ihn Liebenswerten."*[3]

Gottes reine, schenkende Liebe ist dabei Maßstab und Kraftquelle unserer Liebe. Wir bekommen Anteil an ihr, wenn wir sie in uns aufnehmen. Von Natur aus suchen wir nie nur das Wohl des anderen – da sind immer auch Egoismus und Grenzen dabei. Niemand hat von Natur aus ein unerschöpfliches Liebeskonto, ewige Geduld und eine Selbstlosigkeit, die nicht auch an sich selbst denken würde. Wenn wir in Beziehung zum lebendigen Gott leben, der selbst durch und durch Liebe ist, haben wir immer Anschluss an das unerschöpfliche göttliche Liebeskonto. Und weil Gott uns in Hingabe dient, können wir bei ihm die Hingabe lernen, die auch unsere Liebe stark macht.

- Was hilft mir dabei, ein liebesfähigerer Mensch zu werden?
- Wo erlebe ich in meinem Umfeld schenkende und bedürftige Liebe?
- Kann ich Gottes Dreieinigkeit besser verstehen, wenn ich mir bewusst mache, dass nichts anderes als Liebe ihre Grundlage ist?

- Ich danke Gott, dass er durch und durch schenkende Liebe ist.
- Ich bin dankbar für alle Liebe, die mir in meinem Umfeld begegnet.
- Ich bitte Gott, dass ich denen, die mir zu tragen geben und die ich absolut nicht liebenswert finde, dennoch mit Liebe begegnen kann.

Tag 15

Schöpferische Sprache?

„Endlich tat sich etwas in der Dunkelheit. Eine Stimme hatte zu singen begonnen. Sie war sehr weit entfernt, und Digory hatte Mühe, festzustellen, aus welcher Richtung sie kam. Manchmal schien sie aus allen Richtungen zugleich zu kommen. Manchmal dachte er beinahe, sie käme aus dem Boden unter ihnen. Ihre tieferen Töne waren so tief, dass es die Stimme der Erde selbst hätte sein können. Worte sang sie nicht. Man konnte es kaum eine Melodie nennen. Doch es war der schönste Klang, den er je gehört hatte. Es war so schön, dass er es kaum ertragen konnte. [...] Dann geschahen zwei Wunder auf einmal. Das eine war, dass neben der Stimme plötzlich noch andere Stimmen erklangen; mehr Stimmen, als man hätte zählen können. Sie sangen in perfekter Harmonie, aber viel höher; es waren kalte, klingelnde, silbrige Stimmen. Und dann erstrahlte die Schwärze über ihnen ganz plötzlich vor lauter Sternen – das war das zweite Wunder. [...] In weiter Ferne, tief über dem Horizont, begann sich der Himmel grau zu färben. Der Himmel wurde an dieser Stelle langsam und stetig heller. Man sah schon, wie sich die Umrisse von Bergen dunkel davor abzeichneten. Die ganze Zeit über sang die Stimme weiter. [...] Die Erde hatte viele Farben; frisch, warm und lebendig waren sie. Man konnte sich gar nicht satt sehen daran; bis man den Sänger selbst erblickte und alles andere vergaß. Es war ein Löwe. Riesengroß, mit mächtiger, buschiger Mähne und glänzendem Fell stand er da, das Gesicht der aufgehenden Sonne zugewandt. Der Gesang kam aus seinem weit geöffneten Maul. [...] Den Kindern prickelte jeder Tropfen Blut im Leib, und die tiefste, wildeste Stimme, die sie je gehört hatten, sagte: ‚Narnia, Narnia, Narnia, erwache. Liebe. Denke. Sprich. Seid wandelnde Bäume. Seid sprechende Tiere. Seid heilige Wasser.'"

(Das Wunder von Narnia, 90-93.106)

„Denn des HERRN Wort ist wahrhaftig, und was er zusagt, das hält er gewiss. Er liebt Gerechtigkeit und Recht; die Erde ist voll der Güte des HERRN. Der Himmel ist durch das Wort des HERRN gemacht und all sein Heer durch den Hauch seines Mundes. Er hält die Wasser des Meeres zusammen wie in einem Schlauch und sammelt in Kammern die Fluten." (Ps 33,4-7)

Im thematisch ersten Band der Narnia-Chroniken (der allerdingst erst als sechster Band 1955 erschien) erleben die beiden Kinder Digory und Polly gemeinsam mit einigen sehr unterschiedlichen Begleitern, wie der Löwe Aslan das fantastische Land Narnia begründet, indem er es ins Leben singt und spricht. Als Sprachwissenschaftler war sich Lewis der Kraft von Worten bewusst. Oft hat er sich mit unterschiedlichen Sprachformen auseinandergesetzt. Bereits 1939 formulierte er in einem Streitgespräch: *„Der Unterschied zwischen wissenschaftlicher oder philosophischer Sprache und dichterischer Sprache ist entschieden nicht der, dass Erstere Wahrheiten und Letztere bloße Fantasien äußern würde."*[4] Wie die Schöpfungsberichte am Anfang der Bibel und auch die Schöpfungspsalmen poetisch und kunstvoll gestaltet sind, so beschreibt auch Lewis im „Wunder von Narnia" die Schöpfung als eine Geschichte und vermittelt uns damit Wahrheit.

Das biblische Reden von der Schöpfung ist sehr geprägt davon, dass Gott durch sein Wort schafft, wobei dieses noch eine ganz andere Qualität hat, als wenn wir Menschen reden. Gott spricht und indem er es tut, geschieht es. „Gott sprach: Es werde Licht! Und es ward Licht!" (1 Mose 1,3) Gottes Sprechen ist „Tatwort" (Oswald Bayer): Im Wort ist das Tun bereits beschlossen und somit absolut verlässlich.

So ein Reden Gottes erleben wir auch in unseren Gottesdiensten – etwa bei Taufe („Ich taufe dich …"), Abendmahl („Das ist mein Leib …"/ „Das ist mein Blut …") und Absolution nach der Beichte („Dir sind deine Sünden vergeben …"). Im Alltag begegnen uns solche rechtskräftigen Zusagen mit sofortiger Wirkung, die einen Tatbestand nicht nur *feststellen*, sondern durch das gesprochene Wort neu *schaffen*, wenn etwa bei Gericht ein Urteil gesprochen oder eine Olympiade im Rahmen eines Festaktes eröffnet wird.

Sprache hat die Macht, Wirklichkeit zu schaffen – das erleben wir im Guten wie im Bösen. Christen glauben an einen redenden Gott und wir Menschen sind geschaffen, um nicht nur auf das Wort Gottes, sondern auch auf seine Stimme zu hören, ihm zu antworten und so Verantwortung zu übernehmen. Darin bestehen unsere Würde und unser Menschsein. Wie Gott bei der Schöpfung der Welt, so gebraucht auch der Löwe Aslan bei der Gründung Narnias Sprache, um Ordnung, Zeiten und Lebensräume zu schaffen, Gemeinschaft zu stiften und Grenzen gegen das Chaos zu setzen. Auf dieser Basis können sich Welt und Menschen entfalten.

- » Wo habe ich die positive oder negative Macht von Worten erlebt?
- » Was drückt dichterische Sprache besser als wissenschaftliche aus?
- » Bin ich ein guter Zuhörer und bereit, Gehörtes auch umzusetzen?

- » Ich danke Gott für sein schöpferisches und erlösendes Reden.
- » Ich bin dankbar für alles Gute und Ermutigende, das Gott und meine Mitmenschen in mein Leben hineingesprochen haben.
- » Ich bitte Gott darum, destruktive Worte nicht als Wertaussagen über mich persönlich zu nehmen und negatives Reden zu überwinden.

Tag 16
Göttliche Schöpfung?

„Wie wir alle wissen, glaubten die Juden an einen einzigen Gott, den Erschaffer von Himmel und Erde. Die Natur und Gott waren voneinander verschieden: Der eine hatte die andere gemacht; der eine herrschte, und die andere gehorchte. […] Zunächst einmal ist es für uns eine Binsenwahrheit. Wir nehmen es als selbstverständlich. Ich vermute sogar, dass viele Leute davon ausgehen, dass allen Religionen irgendeine klare Schöpfungslehre zugrunde liegt: dass im Heidentum meist die Götter oder einer der Götter die Welt erschufen; ja sogar, dass Religionen normalerweise damit anfangen, dass man eine Antwort auf die Frage findet: ‚Wer hat die Welt erschaffen?' In Wirklichkeit scheint eine unzweideutige Schöpfungsaussage eine überraschend seltene Lehre zu sein. Dort, wo im Heidentum Geschichten darüber auftauchen, spielen sie oft keine große religiöse Rolle; sie sind keineswegs von zentraler Bedeutung für die Religionen, in denen wir sie finden. […] Die Aussage, Gott habe die Natur erschaffen, setzt zwar Gott und die Natur in eine Beziehung zueinander, zieht aber zugleich eine Trennlinie zwischen ihnen. Das, was erschafft, und das, was erschaffen wird, müssen zwei sein, nicht eins. Insofern nimmt die Schöpfungslehre in gewisser Hinsicht der Natur das Göttliche. Wie schwer es war, das zu tun und, mehr noch, es beständig zu tun, machen wir uns heute nicht mehr so einfach klar. […] Indem man die Natur der Göttlichkeit – oder sagen wir der Göttlichkeiten – entkleidet, kann man sie mit Gottheit füllen, denn sie wird nun zu einer Überbringerin von Botschaften. In gewisser Hinsicht bringt die Anbetung der Natur sie zum Schweigen – so, als wäre ein Kind oder ein Mensch aus der Wildnis so beeindruckt von der Uniform des Briefträgers, dass sie vergessen, die Briefe entgegenzunehmen."

(Das Gespräch mit Gott, 89-91.94)

„Steht auf! Lobet den HERRN, euren Gott, von Ewigkeit zu Ewigkeit! Und man lobe seinen herrlichen Namen, der erhaben ist über allen Preis und Ruhm! HERR, du bist's allein, du hast gemacht den Himmel und aller Himmel Himmel mit ihrem ganzen Heer, die Erde und alles, was darauf ist, die Meere und alles, was darinnen ist; du machst alles lebendig, und das himmlische Heer betet dich an" (Neh 9,5b-6).

Christlicher Glaube ist überzeugt davon, dass das Universum nicht zufällig entstanden ist, sondern von Gott aus dem Nichts erschaffen wurde. Dabei sind die naturwissenschaftlichen Erkenntnisse und die theologische Perspektive keine Gegensätze, sondern sie ergänzen sich. Diese Welt ist für uns Menschen eine unverdiente, reine Gabe: Gott hätte sie nicht ins Leben rufen müssen. Im Gegensatz etwa zu älteren babylonischen Vorstellungen von Schöpfung betont die Bibel, dass die Gestirne nicht als Götter verehrt werden. Sonne, Mond und Sterne sind rein physikalische Größen, die keine Göttlichkeit haben. Es gibt einen entscheidenden Unterschied zwischen dem Schöpfer und seiner Schöpfung. Um den lebendigen Gott zu ehren, der Raum und Zeit geschaffen und das Universum entworfen hat, gehen Christen selbstverständlich verantwortungsvoll mit Gottes Schöpfung um. Dabei vergöttern sie das Geschaffene nicht, beten es auch nicht an, sondern bebauen und bewahren es (1Mose 2,15).

Papst Franziskus erinnert in seiner Enzyklika „Laudato Si" (2015) daran, dass „Schöpfung" im jüdische-christlichen Verständnis noch mehr als „Natur" bedeutet. „Schöpfung" schließt die Überzeugung ein, dass Gott in einem liebevollen Plan jedem Geschöpf Bedeutung und Wert gibt.[5] Gemeinsam mit unserer Mitwelt sind wir Menschen hineingestellt in Gottes Schöpfung, die mehr ist als neutrale Natur.

Bei entscheidenden Ereignissen unseres Lebens bleiben wir ganz passiv, während sie uns widerfahren. Wir werden geboren, geliebt, bewahrt, getauft. Das alles können wir nicht aus uns selbst hervorbringen, aber wir können darauf antworten und auf der Basis dieses Empfangenen unser Leben gestalten.

In „Pardon, ich bin Christ" (1952) unterscheidet Lewis zwischen „Schaffen" und „Zeugen": Während etwas Gezeugtes von gleicher Art ist wie man selbst (z. B. ein Vogelei, aus dem kleine Vögel werden), ist etwas Geschaffenes von anderer Art wie man selbst (z. B. ein Vogelnest). Was Gott *zeugt* (wie den Sohn Jesus Christus), ist Gott – was er *schafft* (wie die gesamte Schöpfung) ist nicht Gott.

Die Schöpfung ist als geschaffenes Werk nicht göttlich, aber sie verweist – wenn auch durch die Sünde gebrochen und entstellt – auf den Schöpfer, der immer wieder durch sie hindurchleuchtet: „Die Himmel erzählen die Ehre Gottes, und die Feste verkündigt seiner Hände Werk" (Ps 19,2). Gottes Spuren sind in seiner Schöpfung erkennbar, er spricht uns durch sie an. Dafür ist es aber wichtig, den Unterschied zwischen Schöpfer und Geschaffenem festzuhalten. Hält man das Geschaffene für das Größte und Letzte, dann kann es uns den Blick auf den verstellen, der dahintersteht.

» Wie sieht heute im modernen Sinn eine „Naturvergötterung“ aus?
» Was hilft mir dabei, über der Schöpfung den Schöpfer zu erkennen?
» Was müsste ich ändern, um angemessen mit Gottes Schöpfung umzugehen?

» Ich danke Gott, dass er noch wunderbarer als alles Geschaffene ist.
» Ich bin dankbar für alle Schöpfungsgaben, die ich genieße, und dass ich mich auch selbst als geschaffen und geliebt verstehen darf.
» Ich bitte Gott, dass er mir persönlich im Kleinen wie uns allen im Großen Wege aufzeigt, wie wir verantwortungsvoll handeln können.

Tag 17
Begünstigt die Erwählung?

„Der Gedanke eines ‚auserwählten Volkes' gefällt uns nicht. Als Demokraten von Geburt und Erziehung zögen wir den Gedanken vor, daß alle Völker und Individuen auf ihrer Suche nach Gott denselben Ausgangspunkt hätten; oder gar, daß alle Religionen gleichermaßen wahr seien. Wir müssen von vornherein zugeben, daß der christliche Glaube in diesem Punkt keinerlei Konzessionen macht. Er spricht überhaupt nicht von einer menschlichen Suche nach Gott, sondern von dem, was Gott dem Menschen, für den Menschen und wegen des Menschen getan hat. Die Art und Weise, in der er dieses tut, ist im höchsten Grade wählerisch und undemokratisch. Nachdem das Wissen von Gott allgemein verloren und verdunkelt ist, wird auf der ganzen Erde ein Mann (Abraham) ausgesucht. Er wird zum Ahnherrn einer Nation gemacht, die das Wissen vom wahren Gott in sich tragen soll. Innerhalb dieser Nation geht die Auswahl noch weiter. […] Sie spitzt sich zu und endet schließlich in einem jüdischen Mädchen bei ihrem Gebet. […] Wenn wir die Auswahl näher betrachten, finden wir darin [aber] nichts von jenem ‚Favoritentum', das wir befürchtet haben. Das ‚auserwählte' Volk wurde nicht um seiner selbst willen erwählt (und gewiss nicht zu seiner Ehre oder seinem Vergnügen), sondern um der Nichterwählten willen. Abraham wird gesagt, daß ‚in seinem Samen' (dem auserwählten Volk) ‚alle Völker gesegnet werden sollen'. Dieses Volk wurde auserwählt, eine schwere Last zu tragen. Seine Leiden sind groß. Doch, wie Jesaja erkannte, seine Leiden heilen andere. Auf die schließlich auserwählte Frau warten die tiefsten Abgründe mütterlicher Qual. Ihr Sohn, der fleischgewordene Gott, ist ein ‚Mann der Schmerzen'. Der eine Mensch, in den die Gottheit herabstieg, der eine Mensch, der mit Recht angebetet werden kann, dieser eine sticht gerade wegen seines Leidens hervor."

(Wunder, 138-140)

„Und der HERR sprach zu Abram: Geh aus deinem Vaterland und von deiner Verwandtschaft und aus deines Vaters Hause in ein Land, das ich dir zeigen will. Und ich will dich zum großen Volk machen und will dich segnen und dir einen großen Namen machen, und du sollst ein Segen sein. Ich will segnen, die dich segnen, und verfluchen, die dich verfluchen; und in dir sollen gesegnet werden alle Geschlechter auf Erden.“ (1 Mose 12,1-3)

Neo, Frodo, Harry Potter – sie alle sind auserwählte Männer in einer besonderen Mission. Die Handlungen von „Matrix“, „Der Herr der Ringe“ und „Harry Potter“ gleichen sich darin, dass die Welt ganz in die Hände von bösen Mächten fallen würde, sollten sie als „Helden“ ihre Aufgabe, die sie sich nicht selbst gegeben haben, nicht erfüllen und das Ziel nicht erreichen. Ihnen allen fordert ihre Bestimmung persönlich extrem viel ab, obwohl sie auch Verbündete haben. Sie geraten in Versuchungen, entweder aufzugeben oder dem Bösen zu verfallen. Neo und Harry Potter müssen gar durch den Tod gehen und wieder auferstehen, um am Ende zu Rettern zu werden.

Man kann mit Lewis sagen, dass all diese Mythen den Stoff in sich tragen, den der eine, von der Bibel bezeugte, historische Tatsachen-Mythos vorgibt. Im Jahr 1947 war Lewis bereits ein berühmter Mann. Knapp fünf Monate, bevor sein Kopf am 8. September 1947 die Titelseite des „Time"-Magazins zierte, hatte er das Buch „Wunder" veröffentlicht. Darin geht er auch auf die Frage ein, ob Gott nicht ungerecht ist, indem er nur einzelne Menschen in der biblischen Geschichte auserwählt, bestimmte Dinge zu tun, während andere nicht dazu berufen werden. Ist das für die einen nicht eine enorme Begünstigung und für die anderen eine extreme Benachteiligung?

Lewis führt als Belege die Erwählung Abrahams und des Volkes Israel an und schlägt einen Bogen über die Zeit der Wüstenwanderung und des Babylonischen Exils bis hin zu Maria, der Mutter Jesu, und Jesus selbst. In all diesen Fällen findet auf dem Weg zur Erlösung eine Auswahl statt – und nach menschlichen Maßstäben eine „enorme Verschwendung", wie Lewis selbst zugibt. Darin spiegelt sich für ihn ein Prinzip, das wir auch in der Natur beobachten können, denn nur ein kleiner Teil des Weltraums ist mit Materie gefüllt und nur eine unter allen Arten mit Vernunft begabt – der Mensch.

Demokratisch, gerecht und fair im eigentlichen Sinn ist das nicht. Lewis bringt hier das in der Natur und „tief im christlichen Glauben verwurzelte Prinzip der Stellvertretung" ein: Lebewesen sind voneinander abhängig, einander verpflichtet, werden füreinander geopfert. Bei genauerem Hinsehen könnte man die auserwählten Personen der biblischen Heilsgeschichte schließlich auch als die benachteiligten ansehen: Abraham muss seine Heimat zurücklassen. Maria muss erleben, wie ihr Sohn gekreuzigt wird. Jesus selbst muss sein Leben lassen. Durch die Geschichte des Volkes Israel zieht sich eine Spur des Leidens. Doch das, was Einzelne hier empfangen bzw. einsetzen, kommt allen zugute: Der Segen an Abraham geht über auf alle Völker; die durch Jesus vollbrachte Erlösung gilt allen Menschen. Und die Basis für all das ist ohnehin Gottes Initiative – keiner kann sich selbst erwählen.

- Welche weiteren Beispiele von „Erwählung“ fallen mir noch ein?
- Worin zeigt sich jeweils die besondere Berufung der Erwählten?
- Wo bin ich selbst berufen, stellvertretend für andere Dinge zu tun?

- Ich danke Gott, dass er immer wieder Menschen beruft und erwählt.
- Ich bin dankbar für das, was Jesus und andere für mich tragen.
- Ich bitte Gott darum, dass ich den mir bestimmten „Platz“ im großen Ganzen ohne Neid auf andere oder falschen Stolz annehmen kann.

Tag 18
Teuflische Realitäten?

„Das Gute ist sozusagen es selbst; das Böse ist nur etwas Gutes, das verdorben ist. […] Eines der Dinge, die mich überraschten, als ich zum ersten Mal ernsthaft das Neue Testament las, war, dass darin so viel von einer dunklen Macht im Universum die Rede war – einem mächtigen bösen Geist, der als die Macht hinter Tod, Krankheit und Sünde galt. Der Unterschied [zum Dualismus] ist, dass nach christlicher Auffassung diese dunkle Macht von Gott geschaffen wurde und bei ihrer Erschaffung ursprünglich gut war, dann aber auf Abwege geriet. Das Christentum ist sich also mit dem Dualismus einig, dass dieses Universum sich im Kriegszustand befindet. Aber es ist nicht der Meinung, dass dies ein Krieg zwischen unabhängigen Mächten ist. Aus christlicher Sicht ist es eher so etwas wie ein Bürgerkrieg, eine Rebellion, und wir leben in einem Teil des Universums, der von den Rebellen besetzt ist. Vom Feind besetztes Land – das ist diese Welt. Das Christentum berichtet davon, wie der rechtmäßige König gelandet ist, in Tarnung, könnte man sagen, und wie er uns alle aufruft, uns an einem großen Sabotagefeldzug zu beteiligen. Man geht im Grunde in die Kirche, um dort die geheimen Funksprüche unserer Freunde abzuhören. Deshalb ist der Feind so erpicht darauf, uns von dort fernzuhalten. Das tut er, indem er uns bei unserem Dünkel, unserer Denkfaulheit und unserem intellektuellen Snobismus packt. Mir ist klar, dass so manchem jetzt die Frage auf der Zunge liegt: ‚Wollen sie allen Ernstes in unserer heutigen Zeit unseren alten Freund, den Teufel, wieder einführen – mit Hufen und Hörnern und allem Drum und Dran?‘ Nun, was unsere heutige Zeit damit zu tun hat, weiß ich nicht. Und auf die Hufe und Hörner lege ich nicht allzu viel Wert. Ansonsten aber lautet meine Antwort: ‚Ja, das will ich.‘ Ich behaupte nicht, zu wissen, wie er aussieht.“

(Pardon, ich bin Christ, 63-65)

„Seid stark in dem Herrn und in der Macht seiner Stärke. Zieht an die Waffenrüstung Gottes, damit ihr bestehen könnt gegen die listigen Anschläge des Teufels. Denn wir haben nicht mit Fleisch und Blut zu kämpfen, sondern mit Mächtigen und Gewaltigen, mit den Herren der Welt, die über diese Finsternis herrschen, mit den bösen Geistern unter dem Himmel. Deshalb ergreift die Waffenrüstung Gottes, damit ihr an dem bösen Tag Widerstand leisten und alles überwinden und das Feld behalten könnt." (Eph 6,10-13)

Sein 1942 veröffentlichtes Buch „Dienstanweisung für einen Unterteufel" (vgl. Tag 26) zeigt, dass C. S. Lewis keine Scheu hatte, sich – und das sogar auf durchaus humorvolle und unterhaltsame Weise – mit dunklen Mächten auseinanderzusetzen. Alan Jacobs erinnert in seiner Lewis-Biografie „Der Mann aus Narnia" daran, wie dieser als etwa 14-jähriger Jugendlicher während seiner Schulzeit an der Cherbourg School (1911–1913) durch eine Hausmutter namens Miss Cowie mit Spiritismus und Okkultismus in Berührung kam. Lewis selbst zeigt in der

Autobiografie „Überrascht von Freude“ (1955), dass diese Beschäftigung mit dem Übersinnlichen Hand in Hand mit seiner Abwendung vom christlichen Glauben seiner Kindheit ging. Er berichtet von etwas, das ihm *„seither immer wieder einmal reichlich Schwierigkeiten bereitete – das Verlangen nach dem Übernatürlichen als solchem, die Leidenschaft für das Okkulte.“*[6]

Kein Wunder also, dass in „Pardon, ich bin Christ“ (1952) die F[illegible] der Existenz und dem Einfluss des Teufels nicht fehlen darf. Lewis war zum einen weit davon entfernt, ihn in die Welt der Märchen zu verbannen, aber er schenkte ihm zum anderen auch nicht mehr Aufmerksamkeit, als ihm gebühren sollte.

Das Böse war für ihn kein eigenständiges Thema, sondern er brachte es nur als Verkehrung und Verdrehung des Guten zur Sprache. Diese gesunde Balance, die weder eine Unter- noch Überschätzung des Dämonischen ist, ist auch für unsere Zeit vorbildlich. Vielleicht half Lewis auch seine eigene Hinwendung zum christlichen Glauben, nachdem er als Jugendlicher okkulte Erfahrungen gemacht hatte, dabei, dieses Thema weder zu verharmlosen noch überzubewerten, sondern ganz in den biblischen Grundlinien zu durchdenken.

Das führt ihn zu einer Ablehnung des Dualismus, denn der Teufel steht nicht auf einer Ebene mit Gott, sondern bezieht sein Dasein aus einem permanenten Verderben des guten göttlichen Willens. Diese Welt ist somit – als ursprünglich gute Schöpfung Gottes – durch den Einfluss des Bösen „vom Feind besetztes Land“. Das wiederum sollte uns wachsam dafür machen, dass manche Auseinandersetzung nicht als Kampf gegen Menschen, sondern gegen den dahinter stehenden, manipulierenden Durcheinanderbringer zu verstehen ist. Wir können von Lewis lernen, dass uns nicht die Dauerbeschäftigung mit dem Bösen hilft, sondern die Ausrichtung auf Jesus, den „rechtmäßigen König“, der schon da ist. Wie in der „Dienstanweisung für einen Unterteufel“ zeigt Lewis auch hier, dass die subtilen Verführungen des Teufels viel gefährlicherer sind als ein offener Angriff.

» Gibt es Erlebnisse, bei denen ich das Gefühl hatte, bösen Mächten begegnet zu sein?
» Macht mir der Gedanke an dunkle Mächte Angst? Wie kann ich mir bewusst machen, dass Jesus Macht über sie hat?
» Wie kann ich mich gut schützen, um dem Bösen nicht zu erliegen?

» Ich bin dankbar, dass Gott stärker ist als jede böse Macht der Welt.
» Ich danke Gott, dass er in Jesus Sünde, Tod und Teufel besiegt hat.
» Ich bitte Gott um Bewahrung, wenn mich die Rückzugsgefechte des bereits geschlagenen Feindes treffen und ich seinen Einfluss spüre.

Tag 19
Einzigartig geschaffen?

„Ich spreche hier nicht davon, wie, sondern warum Er jede Seele als etwas Einzigartiges erschafft. Hätte Er keine Verwendung für all diese Verschiedenheiten, warum sollte Er dann mehr als eine Seele erschaffen haben? Du kannst sicher sein, daß das Innen und Außen deiner Person für Ihn kein Geheimnis ist; und eines Tages wird es auch für dich kein Geheimnis mehr sein. Die Gußform für die Herstellung eines Schlüssels wäre etwas Seltsames für dich, wenn du noch nie einen Schlüssel gesehen hättest; und der Schlüssel selbst würde etwas Rätselhaftes sein, solange du nie ein Schloß gesehen hättest. Deine Seele ist von seltsamer Gestalt, weil sie eine Hohlform ist, dafür geschaffen, zu einer ganz besonderen Wölbung in der unendlichen Kontur des Göttlichen Wesens zu ‚passen'; oder auch weil sie ein Schlüssel ist für eine der Türen in dem Haus mit den vielen Wohnungen. Denn es ist nicht die ‚Menschheit', die das Heil empfangen soll, sondern du bist es. […] Alles, was du bist, ausgenommen die Sünde, ist dazu bestimmt, Stillung zu atmen – wenn du nur Gott gewähren läßt. […] Dein Platz im Himmel wird aussehen, als sei er für dich gemacht, und zwar für dich allein, weil du für ihn gemacht worden bist. […] Warum sonst sollten Einzelwesen erschaffen sein als um deswillen, daß Gott – sie alle unendlich liebend – dennoch jedes einzelne auf unterschiedliche Weise liebt? Und von dieser Verschiedenheit her, die dennoch niemanden zu kurz kommen lässt, strömt die Liebe aller Seligen zueinander, der Gemeinschaft der Heiligen, erst die ganze Fülle ihrer Bedeutung zu. Würden sie alle Gott auf die gleiche Weise erfahren und Ihm eine vollkommen gleichartige Anbetung darbringen, dann wäre der Gesang der Triumphierenden Kirche keine Symphonie, es würde sein, wie wenn im Orchester alle Instrumente denselben Ton spielten."

(Über den Schmerz, 150f.153)

„Denn ich sage durch die Gnade, die mir gegeben ist, jedem unter euch, dass niemand mehr von sich halte, als sich's gebührt, sondern dass er maßvoll von sich halte, wie Gott einem jeden zugeteilt hat das Maß des Glaubens. Denn wie wir an einem Leib viele Glieder haben, aber nicht alle Glieder dieselbe Aufgabe haben, so sind wir, die vielen, ein Leib in Christus, aber untereinander ist einer des andern Glied. Wir haben mancherlei Gaben nach der Gnade, die uns gegeben ist." (Röm 12,3-6a)

Dass wir Menschen verschieden sind, liegt auf der Hand. Unter uns gibt es eine enorme Vielfalt an Interessen, Charakterzügen, Stärken und Lebenserfahrungen. Die Aufzählung der Gaben des Heiligen Geistes im Neuen Testament (Röm 12; 1Kor 12; Eph 4) – allen voran die Aussagen über den einen Leib und die vielen Glieder sowie den einen Geist und die vielen Gaben (1Kor 12) – halten diese sich ergänzende Unterschiedlichkeit fest. Paulus versteht sie nicht als Verarmung, sondern als großen Reichtum – so wie C. S. Lewis die Symphonie eines Orchesters mit verschiedenen Tönen schätzt.

Auch an Schematisierungen fehlt es nicht: Fast einhundert Jahre alt ist die Typologie von William Moulton Marston, die in dominante, initiative, stetige und gewissenhafte Persönlichkeitszüge unterteilt. Mit dem darauf basierenden DISG-Modell arbeiten viele Gemeinden. Ebenfalls recht bekannt sind Gary Chapmans „Fünf Sprachen der Liebe" (Anerkennung, praktische Hilfe, gemeinsame Zeit, Geschenke, Berührungen), wobei das Kennen der eigenen Liebessprache für den zwischenmenschlichen Bereich, aber auch für ein tieferes Erleben von Gottes Gegenwart wichtig sein kann. In seinem Buch „Abenteuer Alltag" benennt John Ortberg schließlich sieben unterschiedliche Zugänge zu Gott: intellektuell (als Beispiel benennt er C. S. Lewis), beziehungsorientiert, dienend, anbetungsorientiert, aktionsorientiert, kontemplativ, schöpfungsorientiert. Wenn wir uns allein oder als Gruppe mit solchen Typisierungen beschäftigen, dann entdecken wir immer wieder, welche einmaligen Originale wir alle sind.

C.S. Lewis ist da natürlich keine Ausnahme. So mancher würde ihn sogar als seltsamen Kauz oder (wie Alister McGrath) als „exzentrisches Genie" bezeichnen. Intellektuell höchstbegabt, mit grandioser Vorstellungskraft und messerscharfem Verstand ausgerüstet, war der starke Raucher (der die Asche einfach auf seinen Zimmerteppich rieseln ließ) auch ein etwas schnoddriger Kerl. Zeitlebens kinderlos, schrieb er doch die faszinierendsten Kinderbücher. Er liebte lange Spaziergänge, konnte aber mit Sport nichts anfangen. Als leidenschaftlicher Leser verschlang er Bücher fast aller Art – um Tageszeitungen hingegen machte er gern einen weiten Bogen. Er schätzte das Alleinsein und pflegte doch intensive Freundschaften. Bis auf ganz wenige Ausnahmen – zweimal nach Frankreich und einmal nach Griechenland – hat er die britischen Inseln nie verlassen, doch im Geist bereiste er selbst die fernsten Welten. C. S. Lewis war gewiss (wie wir alle) ein liebenswürdiges Original – und er war sich bewusst, dass jeder Mensch ein solches mit einem eigenen Zugang zu Gott ist, der letztlich alle unsere tiefsten Sehnsüchte stillen wird.

» Achtet meine Gemeinde die Individualität und lebt sie geistliche Einheit bei aller Verschiedenheit?
» Wie kann ich gut mit Spannungen und Konflikten umgehen, wenn mir die Andersartigkeit der anderen zu schaffen macht?
» Was hilft mir dabei, die Einzigartigkeit jeder Seele zu achten?

» Ich danke Gott, dass ich – wie alle auch – einzigartig geschaffen bin.
» Ich bin dankbar für alle Ergänzung, die ich durch andere erfahre.
» Ich bitte Gott um Geduld mit denen, die ich schwer annehmen kann.

Tag 20

Heilsamer Scherbenhaufen?

„Er sah sich als Halbwüchsigen angestrengt Schundromane lesen und Bier trinken, während ihm in Wirklichkeit John Buchan besser gefiel und Limonade besser schmeckte. Die Stunden, die er damit verbracht hatte, den Jargon eines jeden neuen Kreises zu lernen, der ihn anzog, das ständige Vorspiegeln von Interesse für Dinge, die er langweilig fand, und von Kenntnissen, die er nicht besaß, das fast heroische Opfern nahezu jeder Person oder Sache, die ihm wirklich gefiel, die kläglichen Versuche, sich weiszumachen, man könne Spaß daran haben, der Clique oder dem Progressiven Element oder dem N.I.C.E. anzugehören – all das machte ihm jetzt das Herz schwer. Wann hatte er jemals getan, was er wollte? Sich mit den Leuten zusammengetan, die er mochte? Oder auch nur gegessen und getrunken, was ihm schmeckte? Die geballte Fadheit des Ganzen erfüllte ihn mit Selbstmitleid. Unter normalen Umständen hätte er die Verantwortung für dieses Leben unverzüglich unpersönlichen Kräften außerhalb seiner selbst zugeschoben. Schuld an allem wären das System oder ein Minderwertigkeitskomplex gewesen, den seine Eltern ihm mit auf den Weg gegeben hätten, oder eigentümliche Zeiterscheinungen. Jetzt kam ihm nichts dergleichen in den Sinn. Seine ‚wissenschaftliche' Betrachtungsweise war nie eine richtige Lebensphilosophie gewesen, an die man mit Herz und Seele glaubt. Sie hatte nur in seinem Verstand gelebt und war Teil jenes öffentlichen Selbst, das nun von ihm abfiel. Ohne darüber nachdenken zu müssen, war er sich bewusst, daß er selbst dieses Leben gewählt hatte, das von oberflächlichem Ehrgeiz und Geltungssucht bestimmt gewesen war. Er selbst und niemand sonst war für den Scherbenhaufen verantwortlich, vor dem er stand."

(Die böse Macht, in: Die Perelandra-Trilogie, 359-764, hier: 615 f.)

„Neige deine Ohren, mein Gott, und höre, tu deine Augen auf und sieh an unsere Trümmer und die Stadt, die nach deinem Namen genannt ist. Denn wir liegen vor dir mit unserm Gebet und vertrauen nicht auf unsre Gerechtigkeit, sondern auf deine große Barmherzigkeit. Ach, Herr, höre! Ach, Herr, sei gnädig! Ach, Herr, merk auf und handle! Säume nicht – um deinetwillen, mein Gott! Denn deine Stadt und dein Volk ist nach deinem Namen genannt.“ (Dan 9,18f)

Der Soziologe und Universitätsdozent Mark Studdock ist die Hauptperson im 1945 erschienenen dritten und letzten Teil der Perelandra-Trilogie. Mark tritt unwissend eine Stelle beim N.I.C.E. (National Institute of Coordinated Experiments) an, einer Forschungsstelle, die mithilfe moderner Methoden und auf der Suche nach uralten Zaubern das Menschsein tiefgreifend umprägen will. Während er immer mehr unter den Einfluss skrupelloser Wissenschaftler gerät, durchschaut seine Frau Jane das teuflische Vorhaben des N.I.C.E. und schließt sich einem Geheimbund an, der dieses bekämpft. Auch Mark wird in Bezug auf seinen Arbeitgeber nun misstrauisch, doch weil ihm ein Mord angehängt wird, landet er im Gefängnis.

Hier zieht Mark ein ernüchterndes Fazit eines Lebens, das er nicht wirklich gelebt hat. Im Rückblick erkennt er, dass er eigentlich immer die Dinge gemacht hat, die er in den Augen anderer tun sollte, aber nicht die, die ihm selbst gefallen hätten. Diese Fassadenexistenz – das „öffentliche Selbst" – bröckelt in dem Moment ab, als er ganz unten ist. Er erkennt ehrlich und selbstkritisch, dass er selbst für das Versagen verantwortlich ist und diese Schuld nicht auf andere schieben kann – weder auf das System noch auf die Erziehung durch seine Eltern noch auf die Umstände der Zeit.

Marks Nachdenken ist existenziell und lebenspraktisch. Es geschieht nicht auf der Basis einer seelenlosen Wissenschaft, sondern der Weisheit und Menschlichkeit – jener Werte, die das N.I.C.E. angreift und abschaffen möchte. Mark wird schließlich aus dem Gefängnis freikommen und am Ende auch seine Frau Jane wiedersehen, während das Forschungsinstitut bei einem Erdbeben zerstört wird.

Die Bibel ist voller Lebensberichte, in denen Menschen erkennen, dass sie sich total verfahren haben. Diese ehrliche Einsicht wird zur Voraussetzung für ihre Umkehr und einen Neuanfang. So wie Mark im Gefängnis einsieht, dass man an eine „Wissenschaft" nicht „mit Herz und Seele" glauben kann, so erkennt der jüngere Sohn im berühmten Gleichnis vom verlorenen Sohn (Lk 15) bei den Schweinen liegend, dass er zu seinem Vater zurückgehen sollte, den er einst verlassen hatte. Beides ist noch kein Schuldbekenntnis, aber ein notwendiges Eingeständnis.

Blaise Pascal war überzeugt, dass Gott selbst und gerade mit den Bruchstücken unseres Lebens etwas anfangen kann, wenn wir sie ihm nur hinhalten, und ebenso wusste auch C. S. Lewis, dass Erschütterungen und Erschrecken über sich selbst die Basis dafür sind, dass sich in unserem Leben von Gott her etwas zum Guten verändern kann. Ganz unten, im Schmerz über unser Versagen, im Dunkel der Not, geben wir Gott endlich den Raum, uns zu begegnen und zu heilen.

» An welchen absoluten Tiefpunkt meiner Möglichkeiten erinnere ich mich? Was habe ich in dieser Situation gelernt? Wie ging es weiter?
» Lebe ich das „echte“ Leben oder halte ich nur eine Fassade aufrecht?
» Welchen Werten und Überzeugungen fühle ich mich verpflichtet?

» Ich danke Gott, dass er mich aufrichtet, wenn ich ganz unten bin.
» Ich bin dankbar für alle Einsichten aus den „dunklen Stunden“.
» Ich bitte Gott, dass er mir erkennen hilft, was wirklich wichtig ist.

Tag 21
Sündenvergebung durch Jesus?

„Er sagte den Leuten, ihre Sünden seien vergeben, und dabei fragte er nie die anderen Leute, die durch diese Sünden zweifellos geschädigt wurden, ob sie damit einverstanden wären. Er benahm sich ohne Scheu so, als wäre er derjenige, der in erster Linie davon betroffen war, der Hauptgeschädigte aller Vergehen. Einen Sinn ergibt das nur, wenn er tatsächlich der Gott war, dessen Gesetze durch jede Sünde gebrochen und dessen Liebe durch jede Sünde verletzt wird. Wäre es ein bloßer Mensch, nicht Gott, der das sagte, so läge in diesen Worten ein Anspruch, den ich nur als beispiellosen Größenwahn bezeichnen könnte. Doch (und das ist das Merkwürdige und Bedeutsame) selbst seine Feinde gewinnen, wenn sie die Evangelien lesen, meist nicht den Eindruck, er wäre dämlich und dünkelhaft gewesen. Bei unvoreingenommenen Lesern ist das noch weniger der Fall. Christus sagt, er sei ‚sanftmütig und von Herzen demütig', und wir nehmen es ihm ab. Dabei merken wir gar nicht, dass Demut und Sanftmut, wäre er nur ein Mensch, wohl kaum zu den Merkmalen gehören, die wir manchen seiner Äußerungen zuschreiben könnten. […] Ein Mensch, der bloß ein Mensch wäre und solche Dinge von sich gäbe wie Jesus, wäre kein großer Morallehrer. Er wäre entweder ein Irrer – auf derselben Ebene wie einer, der sich für ein pochiertes Ei hält –, oder aber er wäre der Teufel in Person. Sie müssen sich entscheiden. Entweder war und ist dieser Mann tatsächlich der Sohn Gottes, oder er war ein Spinner oder noch Schlimmeres. Sie können ihn ins Irrenhaus sperren, Sie können ihn anspucken und totschlagen wie einen Dämon; oder Sie können ihm zu Füßen fallen und ihn Herr und Gott nennen. Aber sparen wir uns bitte diesen herablassenden Blödsinn, er sei ein großer Lehrer der Menschheit gewesen. Diese Möglichkeit hat er uns nicht offengelassen. Das war auch nicht seine Absicht."

(Pardon, ich bin Christ, 70f)

„Da kam Jesus in die Gegend von Cäsarea Philippi und fragte seine Jünger und sprach: Wer sagen die Leute, dass der Menschensohn sei? Sie sprachen: Einige sagen, du seist Johannes der Täufer, andere, du seist Elia, wieder andere, du seist Jeremia oder einer der Propheten. Er sprach zu ihnen: Wer sagt denn ihr, dass ich sei? Da antwortete Simon Petrus und sprach: Du bist der Christus, des lebendigen Gottes Sohn!" (Mt 16,13-16).

Würde man auf der Straße eine Umfrage machen, wer Jesus ist, dann wären die Top-Antworten wohl, er sei der „Begründer des Christentums" und ein „vorbildlicher Mensch" gewesen, der viel Gutes getan hat. Wenn man unter Religion vor allem ethische Prinzipien versteht und ein Programm, wie man ein „guter Mensch" wird, dann liegt es nahe, in Jesus einen großen Morallehrer zu sehen. Mit diesem Prädikat, das für Lewis „grober Unfug" ist, setzt er sich in seinem apologetischen Hauptwerk „Pardon, ich bin Christ" (1952) auseinander.

Zu den moralischen Qualitäten von Jesus merkt Lewis an, dass dieser zwar zum einen von sich sagte, er sei „sanftmütig und von Herzen demütig“ (Mt 11,29), zum anderen aber auch provokativ auftrat und seine Zuhörer zuweilen schockierte. Dies bringt Lewis zum zentralen Punkt bei der Frage, wer Jesus eigentlich ist, nämlich seinem Anspruch, die Vollmacht der Sündenvergebung zu haben. Wäre Jesus nur ein Mensch – und sei es ein besonders vorbildlicher –, dann bliebe ein solcher Anspruch unverständlich, denn Schuld vergeben kann jeweils nur der geschädigte Mensch selbst, wenn der Schuldige ihn darum bittet. Damit bleibt nur die laut Lewis gerade für Juden „schockierende“ Annahme, dass Jesus selbst Gott ist und als der „Hauptgeschädigte aller Vergehen“ auftritt, um diese letztlich zu überwinden.

Jesus erhob diesen Anspruch mit einer großen Selbstverständlichkeit und übte diesen tatsächlich auch aus – etwa bei der Heilung eines Gelähmten in Kapernaum (Mk 2,1-12) oder bei der Frau, die ihn im Haus des Pharisäers Simon mit Öl salbte (Lk 7,36-50).

Selbst die kritische Forschung spricht Jesus nicht ab, dass er den Anspruch geäußert hat, er habe die Vollmacht, Sünden zu vergeben. Zum einen ist das aus dem Judentum seiner Zeit heraus nicht richtig erklärbar, sodass es ihm kaum einfach angedichtet werden konnte. Zum anderen war dieser Anspruch Jesu für seine Anhänger eine erhebliche Hypothek, um ihn „salonfähig“ zu machen. Damit aber bleiben für die Beantwortung der Frage, wer Jesus ist, nur drei Alternativen übrig. Sie werden als „Jesus-Trilemma“ bezeichnet, wobei das Wortspiel im englischen Originaltext noch eindrücklicher wirkt: Entweder war Jesus ein bewusster Lügner (*Liar*), ein armer Verrückter (*Lunatic*) oder tatsächlich Gott (*Lord*). Schließt man die ersten beiden Möglichkeiten aus – wenn er also kein Scharlatan und auch kein Irrer war, weil sein ganzes Verhalten, wie es die Evangelien schildern, dagegenspricht –, dann bleibt laut Lewis nur die dritte Möglichkeit, auch wenn diese für viele eine „erschreckende Alternative“ ist. So wie ähnlich auch U2-Sänger Bono[7] macht Lewis deutlich, dass uns diese Möglichkeiten – wie die Jünger damals – vor eine persönliche Entscheidung bzw. Wahl stellen. Jesus als „großen moralischen Lehrer der Menschheit“ zu etikettieren, ist dabei keine Alternative, wenn man ihn ernst nimmt.

» In welche Schemata und Bezeichnungen wird Jesus noch gepresst?
» Welche Eigenschaften sprechen dafür, dass Jesus wirklich Gott ist?
» Habe ich meine Wahl in Bezug auf Jesus bereits getroffen?

» Ich danke Gott, dass er mir durch Jesus meine Sünden vergibt.
» Ich bin dankbar für das, was uns die Evangelien über Jesus bezeugen.
» Ich bitte Gott, dass ich persönlich noch mehr erfahre, wer Jesus ist.

Tag 22

Wundervolle Jungfrauengeburt?

„Ich habe Verständnis für jemanden, der grundsätzlich nicht an Wunder glaubt. Was aber soll man von den Leuten halten, die manche Wunder zwar annehmen, die Jungfrauengeburt aber ablehnen? […] Tatsächlich ist kein Wunder von größerer Bedeutsamkeit als dieses. Was geschieht normalerweise bei der Zeugung? Ein mikroskopisch kleines Teilchen des männlichen Körpers befruchtet ein weibliches. Und dieses mikroskopisch kleine Teilchen überträgt eine Fülle von Merkmalen auf den Nachkommen: Vielleicht die Hautfarbe und die Hängelippe seines Urgroßvaters, sicher aber die menschliche Gestalt in ihrer ganzen komplizierten Beschaffenheit, mit Knochen, Leibeshöhlen, Eingeweiden, Leber, Herz, und Gliedmaßen, dazu den ganzen entwicklungsgeschichtlichen Werdegang, den der Embryo im Mutterleib noch einmal Stufe um Stufe durchlaufen wird. Hinter jeder einzelnen Samenzelle liegt die Geschichte des gesamten Universums; und in ihr eingeschlossen ist ein nicht geringer Teil der zukünftigen Welt. […] In dem langen Entwicklungsprozess der Samenzelle hat sich im Laufe der Jahrhunderte viel unerwünschter Schwemmsand angelagert; er haftet an allem Leben, das auf diesem normalen Weg in die Welt kommt. Um diese Belastung aufzuheben, um der Menschheit einen neuen Start zu geben, ließ Gott den Schöpfungsvorgang dieses eine Mal sozusagen unter Kurzschluss ablaufen. […] Wenn man das als Ehebruch bezeichnet, was Gott bei der Zeugung Jesu an Maria tat, dann hat er in einem gewissen Sinn an allen Frauen Ehebruch begangen, die je ein Kind bekamen. Denn was er dies eine Mal ohne einen menschlichen Vater tat, das tut er jedesmal, auch wenn er einen menschlichen Vater als Werkzeug gebraucht. Denn bei der natürlichen Zeugung ist doch der menschliche Vater nur der Übermittler.“

(Wunder, in: Gott auf der Anklagebank, 15-32, hier: 23f)

„Und im sechsten Monat wurde der Engel Gabriel von Gott gesandt in eine Stadt in Galiläa, die heißt Nazareth, zu einer Jungfrau, die vertraut war einem Mann mit Namen Josef vom Hause David; und die Jungfrau hieß Maria. […] Und der Engel sprach zu ihr: […] Siehe, du wirst schwanger werden und einen Sohn gebären, dem sollst du den Namen Jesus geben. […] Der Heilige Geist wird über dich kommen, und die Kraft des Höchsten wird dich überschatten." (Lk 1,26f.30a.31.35a)

Unter allen Wundern, die uns die Bibel im Zusammenhang mit Jesus berichtet, sind sicherlich die beiden, die – genau genommen nicht *durch* ihn, sondern *an* ihm – an den beiden Grenzen seines irdischen Lebens geschehen, die erstaunlichsten. Jesus wird Mensch, indem ihn seine Mutter Maria zur Welt bringt, die zur Zeit der Empfängnis aber noch Jungfrau ist. Und am dritten Tag nach seiner Kreuzigung wird er von den Toten auferweckt (vgl. Tag 24), bevor er nach weiteren 40 Tagen in die himmlische Welt zurückkehrt. C. S. Lewis selbst misst der Jungfrauengeburt sogar die größere Bedeutung zu, weil sie uns zum einen den großen Zusammenhang von Gottes Schöpfungshandeln vor Augen führt und zum anderen die wahre Göttlichkeit Jesu begründet. Lewis beschreibt dazu, was biologisch und genetisch bei einer Zeugung geschieht. Er versteht diesen Vorgang aber nicht isoliert, sondern stellt ihn in die Reihe aller Zeugungen zuvor und danach hinein. Daraus ergibt sich eine Kette, die von Generation zu Generation führt. Durch den Sündenfall und die Weitergabe dieser Erb-Sünde – Lewis spricht hier von „unerwünschtem Schwemmsand" – ist der Same allerdings belastet. Um diese Hypothek auszuschließen und ein Wesen entstehen zu lassen, das völlig ohne Sünde zur Welt kommt, geht Gott einen besonderen Weg.

Der Heilige Geist zeugt das Kind, das von Maria dann zur Welt gebracht wird. So ist Jesus von Anfang an der einzigartige Gott-Mensch, in dem beide Naturen „unvermischt, unveränderlich, ungetrennt und unteilbar" verbunden sind, wie es das Konzil von Chalcedon im Jahr 451 feststellen sollte.

Gott tut hier zum einen etwas in der Geschichte im Kleinen, was er am Anfang der Weltgeschichte im ursprünglichen Schöpfungsakt im Großen tut – er schafft etwas aus dem Nichts (vgl. Tag 15 und 16). Die Naturgesetze und biologischen Prinzipien werden dabei nicht außer Kraft gesetzt – Gott setzt nur einen bestimmten Anfangsimpuls (vgl. Tag 3) und bringt eine Schwangerschaft ins Rollen, die in allen anderen Einzelheiten wohl wie jede andere auch abgelaufen ist. Interessant ist auch, dass die Geburt Jesu in der Bibel im Vergleich zu anderen Beispielen der Religionsgeschichte auffallend nüchtern geschildert wird – aller Akzent liegt auf der göttlichen Herkunft sowie auf den menschlich-ärmlichen Umständen dieses Ereignisses.

Zum anderen tut Gott hier etwas direkt, was er auch sonst bei jeder „normalen" Zeugung zwischen Mann und Frau indirekt tut, denn Lewis betont, dass jeder menschliche Vater – der hier in diesem einen Fall übergangen wird – ein „Werkzeug" oder „Übermittler" Gottes ist, der auch so als wundervoller Schöpfer am Werk ist.

- » Ist das Wunder der Jungfrauengeburt Jesu für mich jetzt plausibler?
- » Wie ordnet sich dieses Wunder in die Reihe anderer Wunder ein?
- » Wo merke ich in meinem Leben, dass der Heilige Geist schöpferisch am Werk ist?

- » Ich danke Gott für den einzigartigen Weg, auf dem er Mensch wurde.
- » Ich bin dankbar, denkend diesem Geheimnis nachspüren zu können.
- » Ich bitte Gott, dass ich über das Wundervolle im Leben staunen kann und auch das scheinbar „Normale“ nicht als selbstverständlich sehe.

Tag 23

Beispielhaftes Leiden?

„Schreibt nicht jeder Zug der Passion irgendein allgemeines Leiden unseres Menschengeschlechts in großen Lettern? Erst das Gebet der Angst; es wird nicht erhört. Dann wendet Er sich an seine Freunde. Sie schlafen – wie die unsern oder wie wir selbst es oft tun: Wir sind beschäftigt oder abwesend oder in Anspruch genommen. Dann steht Er der Kirche gegenüber, derselben, die Er ins Dasein gerufen hat. Sie verurteilt Ihn. Auch das ist bezeichnend. In jeder Kirche, in jeder Institution steckt etwas, das sich früher oder später gegen ihren eigentlichen Daseinszweck auswirkt. Aber eine andere Chance scheint sich Ihm zu bieten: der Staat, in diesem Fall der römische. […] Er will in einem schlichten, irdischen Sinn gerecht sein. Ja, aber nur sofern es sich als politisch zweckmäßig und mit der Staatsräson vereinbar erweist. Der Herr wird zur Schachfigur in einem verwickelten Spiel. Aber noch ist nicht alles verloren. Es bleibt der Appell an das Volk – an die Armen und Einfältigen, die Er gesegnet, geheilt, gespeist und gelehrt hat, zu denen Er selbst gehört. Aber über Nacht ist es zum mordlustigen Pöbel geworden und schreit nach seinem Blut. Also bleibt nur noch Gott. Und die letzten Worte, die Gott an Gott richtet, lauten: ‚Warum hast Du mich verlassen?‘ […] All das gehört mit zu den Dingen, die das Menschsein ausmachen. Jeder Strick, wonach Du greifst, zerreißt. Jede Tür wird Dir vor der Nase zugeschlagen. […] Die allerletzte Verlassenheit – wie können wir sie verstehen oder ertragen? […] Nicht die gewöhnlichen Leute erfahren die ‚dunkle Nacht‘, sondern die Heiligen. […] Gottes ‚Verborgenheit‘ drückt jene am schmerzlichsten, die ihm in anderer Weise am nächsten sind, und daher ist Gott selbst als Menschgewordener unter allen Menschen der von Gott am meisten Verlassene. […] Wir gehen auf keinem unbegangenen Pfad. Eher auf der Hauptstraße.“

(Du fragst mich, wie ich bete, 52-54)

„Mein Gott, mein Gott, warum hast du mich verlassen? Ich schreie, aber meine Hilfe ist ferne. Mein Gott, des Tages rufe ich, doch antwortest du nicht, und des Nachts, doch finde ich keine Ruhe. […] Ich bin ausgeschüttet wie Wasser, alle meine Gebeine haben sich zertrennt; mein Herz ist in meinem Leibe wie zerschmolzenes Wachs. Meine Kräfte sind vertrocknet wie eine Scherbe, und meine Zunge klebt mir am Gaumen, und du legst mich in des Todes Staub." (Ps 22,2f.15f)

Die „Briefe an Malcolm", wie der Untertitel von Lewis' Buch „Du fragst mich, wie ich bete" lautet, erschienen 1964 – ein Jahr nach seinem Tod. In ihrem persönlichen Stil erinnern die 22 kurzen Texte an Martin Luthers kleine Schrift „Wie man beten soll", in der er 1535 seinem Friseur Meister Peter auf ganz praktische Weise auch von seiner eigenen Gebetspraxis berichtet. Der Unterschied besteht nur darin, dass Lewis' Briefe an einen fiktiven Freund gerichtet sind.

In Brief 8, den Hans Urs von Balthasar im Inhaltsverzeichnis mit der Überschrift „Gottverlassenheit" versah, folgt Lewis nahezu meditativ dem Leidensweg Jesu und spürt seiner totalen Verlassenheit nach: In den letzten Tagen seines irdischen Lebens wurde Jesus enttäuscht von seinen Freunden, der „Kirche" (d. h. den jüdischen Führern), dem Staat, dem Volk und zuletzt von Gott. Lewis zeigt, wie sich Jesu Leiden auch in unserem Leben ereignen und konfrontiert uns so mit unseren eigenen schweren Erfahrungen, wenn uns aller Beistand wegrutscht und wir den Eindruck haben, auch Gott habe sich verborgen. Die von Lewis benannte „dunkle Nacht" ist möglicherweise eine Anspielung auf das im 16. Jahrhundert erschienene Werk „Die Dunkle Nacht" des großen spanischen Mystikers Johannes vom Kreuz, in dem er sich mit Zeiten des Leidens und der geistlichen Trockenheit auseinandersetzt. Auch hier wird das Leiden als ein Leiden mit Christus verstanden. Es trifft vor allem die Heiligen, die ihm am nächsten sind. In der Not-Gemeinschaft mit Jesus aber liegt auch der größte mögliche Trost.

C. S. Lewis selbst hat kein leichtes Leben geführt. Bereits mit neun Jahren starb seine Mutter an Magenkrebs. In seiner Autobiografie „Überrascht von Freude" schreibt er fast 50 Jahre später: *„Mit dem Tod meiner Mutter verschwand alles gefestigte Glück, alles Ruhige und Verlässliche aus meinem Leben. Es gab nur noch Meer und Inseln; der große Kontinent war versunken wie Atlantis."*[8] Das Verhältnis zu seinem Vater war eher distanziert. Später litt Lewis am Alkoholismus seines Bruders Warnie und dem Verfall der von ihm gepflegten Mrs Moore. Er erfuhr Neid von Kollegen aufgrund seiner Popularität und wurde wegen seines Einsatzes für den christlichen Glauben in Oxford jahrelang bei Berufungen übergangen, bevor er mit 56 Jahren doch noch eine Professur in Cambridge erhielt. Hart traf ihn schließlich sechs Jahre später der Krebstod seiner Frau. In seinem Buch „Über die Trauer" (1961), in dem er den Tod seiner Frau verarbeitet, begegnet ebenfalls schon das Bild von der zugeschlagenen Tür: *„Aber geh zu Ihm [Gott] in verzweifelter Not, wenn jede andere Hilfe versagt, was findest du? Eine Tür, die man dir vor der Nase zuschlägt, und von drinnen das Geräusch doppelten Riegelns."*[9] In manchen schweren Zeiten und tiefen Einschnitten seines Lebens erlebte C. S. Lewis, dass es ihn tröstete, wenn er seine eigenen Leiden vor dem Hintergrund der Leiden betrachtete, die Jesus erfahren hat.

» Welche Gefühle löst es in mir aus, wenn ich mir das Leiden Jesu vergegenwärtige – z. B. wenn ich in der Bibel darüber lese?
» Wie kann ich mir vergegenwärtigen, dass Jesus selbst gelitten hat – und für mich gelitten hat –, wenn ich mitten im Leid stecke?
» Was kann mir helfen weiterzuglauben, wenn ich mich von Gott verlassen fühle?

» Ich danke Gott, dass er in Jesus in die tiefste Tiefe hinabgestiegen ist.
» Ich bin dankbar für alles, was ich an „dunklen Tagen“ lernen konnte.
» Ich bitte Gott, dass er mir nahe ist, auch wenn ich es nicht fühle.

Tag 24
Auferstehung als Initialzündung?

„In den frühesten Tagen der Christenheit war ein ‚Apostel' zuerst und vor allem ein Mann, der den Anspruch erheben konnte, Augenzeuge der Auferstehung zu sein. […] Die Auferstehung ist das zentrale Thema jeder Predigt, die uns in der Apostelgeschichte wiedergegeben wird. Die Auferstehung und ihre Folgen waren das ‚Evangelium' oder die gute Nachricht, die die Christen zu bringen hatten: Das, was wir als die ‚Evangelien' bezeichnen, die Erzählungen über Leben und Tod unseres Herrn, wurden erst später zum Nutzen derer zusammengestellt, die das Evangelium bereits angenommen hatten. Sie waren in keiner Hinsicht die Grundlage des Glaubens: Sie waren für jene geschrieben, die bereits bekehrt waren. Das Wunder der Auferstehung und die Theologie dieses Wunders kamen zuerst. Der Lebensbericht erscheint erst später als Kommentar dazu. […] Der erste Tatbestand in der Geschichte des Christentums ist eine Anzahl von Leuten, die sagen, daß sie die Auferstehung gesehen haben. Wenn sie gestorben wären, ohne irgend jemand anders zum Glauben an dieses ‚Evangelium' gebracht zu haben, wären die Evangelien niemals geschrieben worden. […] Die Behauptung der ersten Christen bestand darin, daß sie alle zum einen oder anderen Zeitpunkt Jesus in den sechs oder sieben Wochen nach seinem Tod begegnet sind. Die ‚Auferstehung', die sie bezeugten, war in der Tat nicht der Vorgang des Auferstehens vom Tode, sondern der Zustand des Auferstandenseins. […] Er ist die ‚Erstlingsfrucht', der Bahnbrecher des Lebens. Er hat eine Tür aufgebrochen, die seit dem Tod des ersten Menschen verschlossen war. Er ist dem König des Todes begegnet, hat ihn bekämpft und hat ihn geschlagen. Weil er das getan hat, ist alles anders geworden. Er ist der Anfang der neuen Schöpfung: Ein neues Kapitel in der Geschichte des Kosmos ist aufgeschlagen."

(Wunder, 167-169)

„Denn als Erstes habe ich euch weitergegeben, was ich auch empfangen habe: Dass Christus gestorben ist für unsre Sünden nach der Schrift; und dass er begraben worden ist; und dass er auferweckt worden ist am dritten Tage nach der Schrift; und dass er gesehen worden ist von Kephas, danach von den Zwölfen. [...] Ist Christus aber nicht auferstanden, so ist euer Glaube nichtig, so seid ihr noch in euren Sünden.“ (1Kor 15,3-5.17)

„Resurrection first!“ – so könnte man Lewis' Ansatz kurz bezeichnen. Ohne das historische Faktum der Auferstehung Jesu von den Toten wäre Paulus nicht auf Missionsreise gegangen. Es hätten sich keine christlichen Gemeinden gegründet und auch die Evangelien wären nicht als Schilderungen des Lebens Jesu geschrieben worden. Die Auferstehung ist *das* Evangelium – *die* gute Nachricht, ohne die es weder die Literaturgattung der Evangelien gäbe (was theologisch gesehen traurig wäre) noch eine begründete Hoffnung für uns alle über den Tod hinaus (was existenziell tragisch wäre). Der Apostel Paulus zitiert in 1Kor 15,3b-5 nach übereinstimmender Meinung der neutestamentlichen Wissenschaft ein altes Bekenntnis, das wohl sehr kurz nach dem geschehenen Ereignis geprägt wurde: Christus ist gestorben, wurde begraben, am dritten Tag auferweckt und ist zuerst von Petrus (Kephas), dann auch von den zwölf Jüngern gesehen worden.

Fragen wir einmal im Anschluss an Lewis weiter, welche Indizien dafürsprechen, dass die Auferstehung Jesu tatsächlich stattfand: Die beiden Arten von Osterberichten – die Erzählungen vom leeren Grab und von den Erscheinungen des Auferstandenen – ergänzen und stützen sich gegenseitig. Viele Augenzeugen lebten noch zu der Zeit, als die Berichte weitergegeben und aufgeschrieben wurden. Hätten sie gelogen, als sie befragt wurden, dann wäre das sicher aufgefallen.

Die Erzählungen sind sehr detailliert, wobei sie zwar nicht genau deckungsgleich sind, der grobe Ablauf aber übereinstimmt. Hier wurde also nichts einfach erfunden, aber auch nicht nur voneinander abgeschrieben. Alle vier Evangelien berichten davon, dass Frauen die ersten Zeugen am leeren Grab waren. Frauen wurden in der Antike aber nicht als glaubwürdige Zeugen angesehen. Niemand hätte eine solche Geschichte erfunden und ausgerechnet von Frauen bezeugen lassen.

Dazu kommt, dass es damals zwar Gruppen gab, die die Auferstehung der Toten erwarteten – wie etwa die Pharisäer. Aber niemand erwartete sie so, wie sie an Jesus geschah – nämlich bereits *in* der Zeit, nicht erst *am Ende* der Zeit. Seine Auferstehung konnte also auch nicht einfach aus allgemeinen Erwartungen hergeleitet werden. Jüdische Gräber, vor allem von Märtyrern, wurden oft verehrt. Es gibt aber keinerlei Hinweise darauf, dass das mit Jesu Grab geschah. Während die Anhänger Jesu nach der Kreuzigung am Boden zerstört waren, standen sie kurze Zeit später bereit, um seine Botschaft in die Welt zu tragen und dafür sogar zu sterben. Diese radikale Wende und dieser Einsatz sind nicht plausibel, wenn sie nur einer Illusion gefolgt wären oder gar gelogen hätten. Auch die rasante und friedliche Ausbreitung des christlichen Glaubens im Römischen Reich während der ersten drei Jahrhunderten ist kaum anders als mit der Kraft desselben Heiligen Geistes zu erklären, durch den Gott zuvor Jesus von den Toten auferweckt hat.

- Was erschwert den Glauben an die Wirklichkeit der Auferstehung, wenn sie doch historisch eher plausibel als unwahrscheinlich ist?
- Welche Bedeutung hat es für mich, dass Jesus den Tod besiegt hat?
- Wie kann ich in der Kraft der Auferstehung schon heute leben?

- Ich danke Gott, dass er stärker ist als der Tod.
- Ich bin dankbar für die begründete Hoffnung über dieses Leben hinaus.
- Ich bitte Gott, dass er mich durch die „aufgebrochene Tür“ führt.

Tag 25
Das Abendmahl verstehen?

„Eine der schönsten Kommunionen meines Lebens habe ich in einer Wellblechbaracke erlebt. Manchmal hat die Dialektfärbung eines Chors etwas seltsam Rührendes. Ein Zinnbecher als Kelch, sofern dies seinen guten Grund hat, würde mich nicht im Mindesten stören. (Was für Geschirr mag wohl beim Letzten Abendmahl gebraucht worden sein?) […] Manche Leute scheinen imstande, verschiedene Theorien über diesen Akt zu erörtern, als verstünden sie sich auf alle und bedürften nur noch des Erweises, welche die beste sei. Diese Einsicht bleibt mir verwehrt. Ich weiß nicht und kann mir nicht vorstellen, was die Jünger von der Absicht unseres Herrn verstanden, als Er ihnen Seinen noch ungebrochenen Leib und Sein noch unvergossenes Blut mit den Worten reichte, das sei Sein Leib und Sein Blut. […] Doch fällt es mir nicht schwer zu glauben, daß der Schleier zwischen den Welten für den Verstand (meinen Verstand) nirgends sonst so undurchsichtig ist wie gerade hier, und dennoch für Gottes Wirken nirgends so dünn und durchlässig wie hier. Hier berührt eine Hand aus dem verborgenen Land nicht nur meine Seele, sondern auch meinen Leib. Hier steht der Tugendbold, der Professor, der moderne Mensch in mir nicht über dem Wilden oder dem Kind. […] Ich beabsichtige nicht, Regeln festzulegen, wie groß – quantitativ betrachtet – der Anteil des Zauberhaften im religiösen Leben irgendeines Menschen sein müsse. Individuelle Unterschiede sind gewiss statthaft. Worauf ich beharren möchte, ist, daß es nie auf Null sinken darf. Falls dies geschieht, bleibt als Rest nur Moral, Bildung oder Philosophie. […] Haben wir denn nicht mit einem Andern zu rechnen? Ich hoffe, ich beleidige Gott nicht, wenn ich in dem beschriebenen Geisteszustand kommuniziere. Schließlich lautet das Gebot ‚Nehmt und esst', und nicht: ‚Nehmt und begreift.'"

(Du fragst mich, wie ich bete, 109-114)

„Der Herr Jesus, in der Nacht, da er verraten ward, nahm er das Brot, dankte und brach's und sprach: Das ist mein Leib für euch; das tut zu meinem Gedächtnis. Desgleichen nahm er auch den Kelch nach dem Mahl und sprach: Dieser Kelch ist der neue Bund in meinem Blut; das tut, sooft ihr daraus trinkt, zu meinem Gedächtnis. Denn sooft ihr von diesem Brot esst und von dem Kelch trinkt, verkündigt ihr den Tod des Herrn, bis er kommt.“ (1Kor 11,23b-26)

„Groß ist das Geheimnis des Glaubens!“ Diese Worte, die an eine Formulierung des Apostels Paulus anknüpfen (1Tim 3,16), sprechen Priester und Pfarrer in vielen Kirchen der Gemeinde bei der Einsetzung des Abendmals zu. Und diese antwortet dann: „Deinen Tod, o Herr, verkünden wir. Und deine Auferstehung preisen wir, bis du kommst in Herrlichkeit!“

Was im Abendmahl geschieht, ist und bleibt ein Geheimnis. Und dieses Mysterium hat mit Jesus selbst zu tun – mit seinem Tod, seiner Auferstehung und seiner Wiederkunft. Als Christen verkündigen wir sein Sterben, feiern seine Auferstehung und warten auf sein erneutes Kommen. Wir tun das in den Spannungen dieser Welt und unseres Lebens. Und das Abendmahl ist unsere Wegzehrung von Gott, die uns mit allem ausrüstet, was wir unterwegs brauchen.

C. S. Lewis steht wirklich nicht im Verdacht, dass er Dingen nicht auf den Grund gegangen wäre. Was es zu erklären gibt, das wollte er auch verstehen – und er nutzte seinen brillanten Verstand, um es zu ergründen. Allerdings war er sich auch bewusst, dass es Aspekte des christlichen Glaubens gibt, die man nicht so einfach begreifen kann und auch nicht begreifen muss. Dazu gehört auch das Abendmahl.

Dabei gibt es einiges, was wir problemlos verstehen können: Jesus selbst hat dieses Mahl eingesetzt, als er kurz vor seinem Tod mit den Jüngern aß. Immer wenn wir es feiern, erinnern wir uns an seinen Tod und an unsere Befreiung, die damit verbunden ist. Jesus Christus begegnet uns auf unterschiedliche Art und Weise – im Wort der Bibel, in anderen Menschen und eben in Gestalt von Brot und Wein. Im Abendmahl *hören* wir ihn nicht nur, sondern wir *schmecken* ihn auch und *nehmen ihn* in gewisser Weise *sichtbar in uns auf.* Die äußeren Zeichen sind Brot und Wein. Die innere, unsichtbare Wirklichkeit ist die lebendige Gegenwart Jesu Christi. Jesus ist da, wenn wir Abendmahl feiern – er ist zugleich Gastgeber und Gabe des Mahls.

Dennoch bleibt das, was hier geschieht, ein Geheimnis, das wir – wie die Gabe selbst – nur empfangen können. So wie wir die Gaben gereicht bekommen und nicht danach greifen, so können wir das, was hier geschieht, auch nie ganz begreifen und wir bekommen es schon gar nicht in den Griff. Der unbegrenzte Gott kommt zu uns begrenzten Menschen – das ist unvergleichlich und unfassbar. Es bleibt ein Wunder, in das ich mich nur einleben und so eine Antwort geben kann. Mit seiner Auffassung – bei allem Nachdenken auch das Staunen nicht zu vergessen – befindet sich Lewis in guter Gesellschaft. So formulierte auch der Reformator Philipp Melanchthon in der ersten evangelischen Dogmatik, den „Loci Communes" (1521), bevor er tief in die theologische Materie einsteigt, dass wir die Geheimnisse Gottes lieber anbeten statt sie erforschen sollten.

- » An welche besonderen, gemeinsamen Mahlzeiten erinnere ich mich?
- » Was empfinde und woran denke ich bei der Feier des Abendmahls?
- » Welche geheimnisvollen Aspekte des Glaubens gibt es noch?

- » Ich danke Gott, dass ich nicht alles verstehen muss und staunen darf.
- » Ich bin dankbar für alle Dinge, über die nachsinnen und die ich verstehen kann.
- » Ich bitte Gott, dass ich die empfangende Haltung nie verliere.

Tag 26

Selbstliebe durch Nächstenliebe?

„Um den Schlichen des Feindes zuvorzukommen, müssen wir Seine Ziele betrachten. Der Feind möchte den Menschen in eine Geistesverfassung bringen, in der er die schönste Kathedrale der Welt entwerfen könnte, sich dessen bewusst ist und sich tatsächlich darüber freut, ohne daß er doch mehr oder weniger oder in anderer Weise glücklich wäre, wenn ein anderer sie gebaut hätte. Der Feind möchte ihn letzten Endes in solchem Maß befreit wissen von aller Selbstgefälligkeit, daß er sich über seine eigenen Gaben ebenso offen und dankbar zu freuen vermag wie über die Gaben seines Nächsten oder über einen Sonnenaufgang, einen Elefanten oder einen Wasserfall. Er möchte, daß letztlich jeder Mensch imstande ist, alle Kreatur (auch sich selbst) als herrliche, wundervolle Geschöpfe zu erkennen. Er möchte ihre animalische Selbstliebe so bald als nur möglich in ihnen ertöten; aber ich fürchte, Seine Politik auf lange Sicht geht dahin, ihnen eine neue Art Selbstliebe zurückzugeben – eine Art Nächstenliebe und Dankbarkeit gegenüber jedem Menschen, sich selbst einbezogen; wenn die Menschen wirklich gelernt haben, ihre Nächsten wie sich selbst zu lieben, so wird ihnen gestattet, sich selbst zu lieben, wie sie ihre Nächsten lieben. Denn wir dürfen den abstoßendsten und unerklärlichsten Wesenszug des Feindes nie vergessen: Er liebt diese haarlosen Zweibeiner, die Er erschaffen hat, wirklich und gibt ihnen mit der rechten Hand zurück, was Seine Linke ihnen weggenommen hat. Sein ganzes Mühen geht dahin, den Menschen von sich selbst zu befreien. Es wäre Ihm viel lieber, der Mensch würde sich selbst als großen Baumeister oder Dichter ansehen und es gleich wieder vergessen, als daß er viel Zeit und Mühe aufwendet, sich als schlechten Baumeister oder Richter hinzustellen."

(Dienstanweisung für einen Unterteufel, 62f)

„Freut euch mit den Fröhlichen, weint mit den Weinenden. Seid eines Sinnes untereinander. Trachtet nicht nach hohen Dingen, sondern haltet euch zu den niedrigen. Haltet euch nicht selbst für klug. Vergeltet niemandem Böses mit Bösem. Seid auf Gutes bedacht gegenüber jedermann. Ist's möglich, soviel an euch liegt, so habt mit allen Menschen Frieden." (Röm 12,15-18)

Das 1942 erschienene Buch „Dienstanweisung für einen Unterteufel" sorgte für Lewis' endgültigen weltweiten Durchbruch als christlicher Schriftsteller, brachte ihm aufgrund seines originell-populären Stils aber auch viele Anfeindungen in den akademischen Fachkreisen Oxfords ein. In 31 Briefen gibt der höllische Unterstaatssekretär Screwtape seinem noch unerfahrenen und etwas begriffsstutzigen Neffen Wormwood allerhand Lektionen, wie er einen ihm anvertrauten „Patienten" von Gott weg auf die schiefe Bahn führen kann. Eingekleidet in viele humorvolle Formulierungen gibt Lewis letztlich einen Einblick in die Logik und Taktik teuflischer Machenschaften, weshalb das Buch einen durchaus ernsthaften Hintergrund hat – war sein Autor doch durchweg orthodox und weit davon entfernt, die Existenz einer personifizierten bösen Macht zu leugnen (vgl. Tag 18).

Da es sich um einen Briefwechsel zweier Teufel handelt, muss man als Christ beim Lesen immer „umschalten", denn der Feind ist hier Gott und alle Ratschläge sollen den Menschen letztlich schaden. Dabei sind die teuflischen Einschätzungen etwa zum Willen Gottes durchgehend wahr, wenngleich aus diabolischer Sicht abstoßend.

So analysiert Screwtape richtig, dass sich gemäß christlicher Überzeugung zum einen Selbst- und Nächstenliebe nicht gegeneinander ausspielen lassen, dass zum anderen eine gesunde Form der Selbstannahme aber auch keine Egozentrik ist.

Nächstenliebe und Selbstliebe bedingen sich gegenseitig und sind aufeinander bezogen. Wenn ich mich über einen anderen Menschen und seine Gaben freuen kann, dann befreit mich das von einer problematischen Selbstgefälligkeit. Umgekehrt ist es aber auch so, dass ich erst dann offen werde für meine Mitmenschen und meine Mitwelt, wenn ich gelernt habe, mich selbst in guter Weise anzunehmen. Wer sich selbst ablehnt, wird es schwer haben, sich mit Hingabe Gott oder einem anderen Wesen zuzuwenden.

In der Beziehung zum lebendigen Gott wird unsere Selbstbezogenheit „getötet" – sie wird aufgebrochen, unsere Füße werden „auf einen weiten Raum" gestellt (Ps 31,9). Martin Luther hat einmal gesagt, dass der sündige Mensch in sich selbst verkrümmt ist. Daraus befreit uns der Glaube, indem er uns Gott sowie unseren Nächsten zeigt und uns dankbar sein lässt. Das führt dann schließlich auch dazu, dass wir uns selbst in einem anderen Licht sehen und dankbar als Gottes Geschöpfe annehmen können (vgl. Tag 16).

Screwtape sieht schließlich auch richtig, dass Gott uns tatsächlich liebt und dass er immer unser Bestes will – auch wenn er uns dafür etwas nehmen muss. Gott überträgt uns Verantwortung und wir können viel leisten. Falscher Stolz darüber ist aber ebenso schädlich, als wenn wir unser Licht unter den Scheffel stellen würden (Mt 5,15).

» Wo habe ich schon einmal erlebt, dass es mir sehr gut tat, wenn jemand anderes neben mir so richtig „groß raus kam“?
» Ist Selbstvergessenheit oder Selbstgefälligkeit mein größeres Problem?
» Welches „Zerstörungswerk“ Screwtapes betrifft mich am meisten?

» Ich danke Gott, dass er mich und seine Schöpfung *wirklich* liebt.
» Ich bin dankbar für meine Mitwelt und nehme auch mich selbst an.
» Ich bitte Gott, weder selbstablehnend noch egoistisch zu sein.

Tag 27
Verliebtheit oder Liebe?

„Verliebtsein ist gut, aber es ist nicht das Beste. Es gibt vieles, was niedriger steht; es gibt aber auch Dinge, die darüberstehen. Man kann es nicht zur Grundlage seines ganzen Lebens machen. Es ist ein edles Gefühl, aber dennoch ein Gefühl. Und bei einem Gefühl ist eben nie Verlass darauf, dass es für immer in seiner vollen Stärke weiterbesteht oder überhaupt von Dauer ist. Erkenntnis kann von Dauer sein. Grundsätze können von Dauer sein. Gewohnheiten können von Dauer sein. Gefühle aber kommen und gehen. […] Aber nicht mehr verliebt zu sein heißt natürlich nicht, dass man nicht mehr liebt. Liebe in diesem zweiten Sinne – im Unterschied zum ‚Verliebtsein' – ist nicht nur ein Gefühl. Sie ist eine tiefe Einheit, getragen vom Willen und bewusst verstärkt durch die Gewohnheit. In christlichen Ehen wird sie zudem befestigt durch die Gnade, die beide Partner von Gott erbitten und empfangen. […] Diese Liebe können sie sich auch dann bewahren, wenn jeder der beiden sich ohne Weiteres, wenn er es zuließe, in eine andere Person ‚verlieben' könnte. Das ‚Verliebtsein' brachte sie einst dazu, sich die Treue zu versprechen. Diese stillere Liebe nun macht sie fähig, ihr Versprechen zu halten. Es ist diese Liebe, die den Motor der Ehe antreibt. Das Verliebtsein war die Zündung, die ihn in Gang brachte. […] Das Entzücken, das man beim ersten Anblick eines herrlichen Fleckchens Erde empfindet, wird abebben, wenn man sich tatsächlich dort häuslich niederlässt. Heißt das, es wäre besser, nicht an diesem schönen Ort zu wohnen? Auf keinen Fall. […] Es hat einfach keinen Sinn, irgendein Prickeln festhalten zu wollen. Das ist das Dümmste, was man machen kann. Lassen Sie das Prickeln los; lassen Sie es ersterben: Gehen Sie weiter durch diese Zeit des Sterbens hindurch zu dem stilleren Interesse und Glück, die darauf folgen werden."

(Pardon, ich bin Christ, 124-126)

„Die Liebe ist langmütig und freundlich, die Liebe eifert nicht, die Liebe treibt nicht Mutwillen, sie bläht sich nicht auf, sie verhält sich nicht ungehörig, sie sucht nicht das Ihre, sie lässt sich nicht erbittern, sie rechnet das Böse nicht zu. [...] Als ich ein Kind war, da redete ich wie ein Kind und dachte wie ein Kind und war klug wie ein Kind; als ich aber ein Mann wurde, tat ich ab, was kindlich war." (1Kor 13,4f.11)

Eingebaut in das Kapitel über „Die christliche Ehe" schreibt C. S. Lewis in seinem Buch „Pardon, ich bin Christ" (1952) Denkwürdiges über das Verhältnis von Verliebtheit und Liebe. Während Verliebtheit ein häufig ziemlich flüchtiges Gefühl ist, versteht Lewis unter Liebe eine beständige Haltung, die für ihn auf einer anderen Stufe gemeinsam mit Erkenntnissen, Grundsätzen oder Gewohnheiten steht. Während man Gefühle nicht versprechen kann, ist das bei Haltungen und Handlungen anders – deshalb sollte ein Eheversprechen auch nicht auf Verliebtheit basieren. Für Verliebtheit muss ich nichts tun – es passiert einfach und ist dann mein Gemütszustand –, aber Liebe erfordert meinen Einsatz, weil sie ganz auf den anderen bezogen ist und „nicht das Ihre" sucht (1Kor 13,5). Wenn es gut kommt, mündet kindliche Verliebtheit in erwachsene Liebe ein – die aufflammende Leidenschaft entwickelt sich zu einer beständigen Hingabe weiter.

Dennoch erfüllt die von Lewis als „herrlicher Zustand" bezeichnete Verliebtheit einen wichtigen Zweck: Sie macht uns erst aufeinander aufmerksam, tut uns in mehrfacher Hinsicht gut und öffnet uns die Augen – etwa für Schönheit. Lewis vergleicht den Unterschied von Verliebtheit und Liebe mit dem zwischen Schwimmen und Planschen:

> Schwimmen zu lernen macht mehr Spaß, als endlos zu versuchen, das Gefühl wiederzubekommen, das man als Kind beim Planschen hatte.

Ein weiterer Vergleich könnte das sein, was Jörg Ahlbrecht in seinem Buch „Fitness für die Seele"[10] (im Anschluss an den Psychologen und Glücksforscher mit dem unaussprechlichen Namen Mihály Csikszent-mihályi) über den Unterschied von Freude und Vergnügen schreibt: *Freude* erlebe ich, wenn etwas Überraschendes geschieht, das ich nicht erwartet habe bzw. das meine Erwartungen übersteigt – ein bezaubernder neuer Urlaubsort, ein einmaliges Geschenk, eine erste Begegnung oder eben Verliebtheit. Freude ist eine intensive Erfahrung, die uns lange in Erinnerung bleibt, die sich aber nicht so einfach wiederholen lässt – beim zweiten Mal schon wird das alles in gewisser Weise gewöhnlich – zum Vergnügen.

Vergnügen erlebe ich, wenn etwas im Rahmen meiner Erwartungen geschieht – etwa die Wiederholung eines Erfolges, das Lesen der Fortsetzung einer Romanserie oder eben Liebe. Das alles ist nicht weniger großartig als zu der Zeit, als ich noch Freude empfunden habe, aber ich habe mich bereits auf das Schöne eingestellt. Vergnügen ist deshalb nicht mehr so spektakulär und bleibt nicht so stark in Erinnerung, weil wir uns an das, was wir gerade erleben, bereits ein ganzes Stück gewöhnt haben. Nun könnten wir auf der Jagd nach Freude (Verliebtheit) immer einen neuen Kick suchen, aber das würde uns dauerhaft unruhig machen und unerfüllt lassen. Die reifere Sichtweise ist, dass wir uns auf Vergnügen (Liebe) einstellen und wissen, dass ein starker Anfangsimpuls nicht wiederholbar, aber das gewachsene Beständige genauso wunderbar ist. Bin ich mir dessen bewusst, dann hilft es mir auch dabei, Gefühlen nicht einfach nachzugehen und nachzugeben.

» Wie lust- bzw. gefühlsbetont bin ich? Ist das gut so?
» Was hilft mir dabei, dass meine Liebe beständig und lebendig bleibt?
» Welche Grundsätze, Gewohnheiten und Haltungen sind mir wichtig?

» Ich bin Gott dankbar, dass ich echte, starke Freude empfinden kann.
» Ich bin dankbar, dass Hingabe und Beständigkeit noch wichtiger sind.
» Ich bitte Gott, dass ich erwachsen mit meinen Gefühlen umgehe.

Tag 28

Sexualität im Rahmen?

„Die Keuschheit ist die unpopulärste unter den christlichen Tugenden. Es führt kein Weg daran vorbei: ‚Entweder Ehe und völlige Treue gegenüber dem Partner oder völlige Enthaltsamkeit'; so lautet die christliche Regel. […] Es wird gesagt, alle Probleme mit dem Sex kämen daher, dass er immer totgeschwiegen worden sei. Aber das war ja in den letzten zwanzig Jahren überhaupt nicht der Fall. Den ganzen Tag wird darüber geschwätzt. Doch die Probleme sind immer noch da. Wenn das Verschweigen die Ursache des Übels gewesen wäre, dann hätten doch die endlosen Diskussionen darüber es beseitigen müssen. Aber das ist nicht geschehen. Ich glaube, es ist umgekehrt. Die Menschen haben überhaupt erst mit der Heimlichtuerei begonnen, weil es so viele Probleme mit dem Sex gab. […] Ich weiß, es hat unter den Christen Wirrköpfe gegeben, die so redeten, als wären Sex, der Körper oder das Vergnügen an sich nach christlicher Auffassung etwas Schlechtes. Aber das ist ein Irrtum. Das Christentum ist nahezu die einzige unter den großen Religionen, die den Körper durch und durch bejaht. Wer sagt, Sex an sich sei etwas Schlechtes, dem widerspricht das Christentum sofort. […] Die Lüge besteht in der Andeutung, jede beliebige sexuelle Handlung, zu der man gerade Lust hat, sei gesund und normal. […] Wer glücklich sein will, und sei es nur in dieser Welt, der braucht eine Menge Selbstbeherrschung. Jeder vernünftige und zivilisierte Mensch braucht gewisse Grundsätze, nach denen er manche seiner Begierden zurückweist und anderen nachgibt. […] Wenn ein Jugendlicher oder ein Erwachsener einem bewussten Verlangen widersteht, leidet er weder an einer Verdrängung noch ist er in Gefahr, eine zu erzeugen. Im Gegenteil, wer sich ernsthaft um Keuschheit bemüht, ist sich seiner eigenen Sexualität stärker bewusst und weiß bald erheblich mehr darüber als andere Leute."

(Pardon, ich bin Christ, 112.114f.117.119)

„Ein verschlossener Garten bist du, meine Schwester, liebe Braut, ein verschlossener Garten, ein versiegelter Born. [...] Mein Freund komme in seinen Garten und esse von seinen edlen Früchten. Ich bin gekommen, meine Schwester, liebe Braut, in meinen Garten. Ich habe meine Myrrhe samt meinen Gewürzen gepflückt; ich habe meine Wabe samt meinem Honig gegessen; ich habe meinen Wein samt meiner Milch getrunken. Esst, meine Freunde, und trinkt und werdet trunken von Liebe!“ (Hld 4,12.16b; 5,1)

Mit gerade einmal 18 Jahren begann C. S. Lewis – damals ein „sexuell neugieriger junger Mann“[11] (Alister McGrath) und noch fern von christlichen Überzeugungen –, 1917 eine Affäre mit Janie Moore, einer Mitvierzigerin, die zugleich die Mutter eines im Krieg gefallenen Freundes war. So sehr diese seltsame Beziehung auch Lewis’ Vater und Bruder sowie seine engsten Freunde verstörte, so schwierig ist auch ihre Einschätzung, da Lewis selbst sich immer konsequent darüber ausgeschwiegen hat und auch keine Briefe zwischen den beiden erhalten geblieben sind. Lewis' Biografen betonen, dass Mrs Moore für ihn wohl auch die Rolle einer Ersatzmutter spielte. Zudem habe er sie vor allem finanziell und später bis zu ihrem Tod 1951 als ihre Haushaltshilfe und ihr Pfleger unterstützt, was für ihn im Laufe der Zeit emotional immer herausfordernder und kräftezehrender wurde. Dennoch ist es wahrscheinlich, dass diese Beziehung auch Sexualität einschloss – zumindest bis Lewis um 1930 schrittweise Christ wurde. Ab diesem Zeitpunkt scheint sein Verhältnis zu Janie Moore eher das einer platonischen Freundschaft gewesen zu sein: Er fühlte sich ihr verpflichtet und ließ sie nicht fallen, blieb aber noch über 25 Jahre lang bis zu seiner Heirat mit Joy Davidman Junggeselle.

Behält man dieses seltsame, undurchsichtige und aus christlicher Sicht auch kritisch zu betrachtende Verhalten des „vorchristlichen" Lewis im Hinterkopf, so wird der Unterschied zu der ganz und gar orthodoxen sexualethischen Position deutlich, die Lewis vertrat, als er Christ wurde – beispielhaft hier in „Pardon, ich bin Christ" (1952).

Mit scharfen Blick analysiert er, dass in der Öffentlichkeit nicht zu wenig, aber auf die falsche Art und Weise – nämlich oft abwertend, entwürdigend und oberflächlich – über Sexualität geredet wird. Dabei macht Lewis deutlich, dass Sexualität etwas Wunderbares ist: Die Körperlichkeit hat für den christlichen Glauben eine große Bedeutung (bis hin zur Überzeugung einer *leiblichen* Auferstehung) – deshalb kann er gar nicht leib- oder sexfeindlich sein. Wie Rob Bell in seinem Buch „Sex. Gott."[12] schreibt, sind wir aber weder (körperlose) Engel noch (geistlose) Tiere, sondern Menschen, was ein verantwortungsvolles Zügeln unserer Triebe einschließt. Ist nach Lewis unser Geschlechtstrieb „krankhaft überreizt", dann brauchen wir Selbstbeherrschung und starke Grundsätze. Auf den Rahmen und das Ganze kommt es an: Wie das Essen ist Sexualität erst dann schön und erfüllend, wenn man sie nicht nach dem Lustprinzip, sondern nach gewisser Prüfung zu sich nimmt und dazu grundsätzlich gelernt hat, seinen Appetit zu zügeln. Sonst wird man schnell zum Sklaven seiner Triebe. Enthaltsamkeit oder Ehe sind demnach die einzigen christlichen Optionen. Das „erotischste“ Buch der Bibel – das alttestamentliche Hohelied – ist deshalb auch mit Hochzeitssprache durchzogen.

» Wo begegnen mir im Alltag Sexfeindlichkeit oder Sexvergötterung?
» Wie kann die Ehe als guter Rahmen neu wertgeschätzt werden?
» Welche Grundsätze habe ich in Bezug auf meine Sexualität?

» Ich danke Gott für das großartige Geschenk der Sexualität.
» Ich bin dankbar für alle prägende Geduld und Selbstbeherrschung.
» Ich bitte Gott um eine neue Wertschätzung von Intimität und Tiefe.

Tag 29
Warum Demokratie?

„Ich bin ein Demokrat, weil ich glaube, dass kein Mensch oder keine Gruppe von Menschen gut genug ist, um ihr unkontrollierte Macht über andere Menschen anzuvertrauen. Und je höher die Ambitionen einer solchen Macht sind, für umso gefährlicher halte ich sie sowohl für die Herrscher als auch für die Untergebenen. Deshalb ist die Theokratie die schlimmste aller Regierungsformen. Wenn wir einen Tyrannen haben müssen, dann ist ein Räuberbaron weitaus besser als ein Inquisitor. Die Grausamkeit des Barons wird manchmal schlafen und seine Habgier irgendwann gesättigt sein, und weil er sich undeutlich bewusst ist, dass er Schlechtes tut, wird er es möglicherweise irgendwann bereuen. Doch der Inquisitor, der seine eigene Grausamkeit und seine Gier nach Macht und Furcht für die Stimme Gottes hält, wird uns grenzenlos foltern, weil er dies mit der Zustimmung seines eigenen Gewissens tut, während ihm seine besseren Impulse als Versuchungen erscheinen. Eine Metaphysik, die von den Herrschenden mit der Kraft einer Religion vertreten wird, ist ein schlechtes Zeichen. […] Ein politisches Programm kann nie mehr als wahrscheinlich richtig sein. Wir kennen nie alle Fakten über die Gegenwart und können über die Zukunft nur Vermutungen anstellen. Einem Parteiprogramm jene Form der Zustimmung zu geben, die wir für beweisbare Lehrsätze reservieren sollten, ist eine Art von Berauschung. […] Als Demokrat lehne ich alle drastischen und plötzlichen Veränderungen der Gesellschaft (egal in welche Richtung) ab, weil sie de facto nie anders als mithilfe einer bestimmten Technik zustande kommen. Diese Technik beinhaltet das Ergreifen der Macht durch eine kleine, hoch disziplinierte Gruppe von Leuten, worauf, wie es scheint, Terror und die Geheimpolizei von selbst folgen.“

(Eine Replik auf Professor Haldane, in: Durchblicke, 361-374, hier: 370f)

„Und der HERR sprach zu Mose: Sammle mir siebzig Männer unter den Ältesten Israels, von denen du weißt, dass sie Älteste im Volk und seine Amtleute sind, und bringe sie vor die Stiftshütte und stelle sie dort vor dich, so will ich herniederkommen und dort mit dir reden und von deinem Geist, der auf dir ist, nehmen und auf sie legen, damit sie mit dir die Last des Volks tragen und du nicht allein tragen musst." (4Mose 11,16f)

Immer wieder war C. S. Lewis in Streitgespräche verwickelt, die in Zeitschriften oder Briefen ausgetragen wurden. 1946 griff ihn der britische Biologe und Genetiker J. B. S. Haldane (1892–1964) wegen seiner „Perelandra"-Trilogie an. In Lewis' Antwort, die erst 20 Jahre später postum veröffentlicht wurde, bekennt sich Lewis gegenüber dem Marxisten Haldane zur Demokratie. Als wesentlichen Grund führt er die Machtkontrolle an: Eine Diktatur ist davon geprägt, dass ein einzelner Mensch oder eine Gruppe nahezu unbegrenzte Macht ausüben kann. Bei den Diktatoren unterscheidet er noch „Räuberbaron" und „Inquisitor": Während Ersterer aus weltlicher Motivation heraus grausam handelt, aber vielleicht irgendwann gesättigt ist, kann Letzterer aus religiöser Motivation heraus einen grenzenlosen Sendungsauftrag verfolgen.

Lewis hält deshalb die Theokratie für die problematischste aller Herrschaftsformen, weil hier unhinterfragbare, absolute Ansprüche mit letztgültiger religiöser Autorität versehen werden: „Gott will es!"

Er ist davon überzeugt, dass selbst das beste politische Programm immer nur eine relative Richtigkeit haben kann, weil wir immer nur einen Ausschnitt der aktuellen und zukünftigen Wirklichkeit sehen. Ein Parteiprogramm ist für ihn kein „beweisbarer Lehrsatz".

Auch heute werden demokratische Prozesse in der westlichen Welt kontrovers diskutiert. Lange und komplizierte Entscheidungswege sind anstrengend und ermüdend, aber populistische Alleingänge von Einzelnen oder Parteien sorgen mit Recht für Empörung.

Immer wieder kommen wir an den Punkt, dass die Demokratie eine wertvolle Errungenschaft ist, dass wir sie aber auch aktiv gestalten müssen, damit sie gut funktionieren kann. Geteilte Verantwortung entlastet und schützt vor Machtmissbrauch, aber entscheidend ist auch, auf welchen zentralen Werten eine Demokratie basiert.

Theodor Heuss, erster Bundespräsident der BRD, sagte 1950 in einer Rede, dass neben der Akropolis in Athen und dem Kapitol in Rom auch Golgatha in Jerusalem einer der drei Hügel ist, die das Abendland tiefgreifend geprägt haben.[13] Der jüdisch-christliche Glaube hat neben der griechischen Philosophie und dem römischen Recht einen wichtigen Anteil an der Entstehung der Demokratie. Und selbst wenn Demokratie in der Bibel noch nicht vorkommt, bieten uns biblische Texte doch viele Impulse, die für die modernen Demokratien wichtig werden sollten: Bereits im Alten Testament wird die Macht zwischen Königen, Priestern und Propheten aufgeteilt. Mose überträgt Verantwortung auf klug ausgewählte Leute. In der urchristlichen Gemeinde finden Wahlen statt. Paulus schreibt vom einen Leib, der aus vielen sehr unterschiedlichen Gliedern besteht, die zusammenwirken.

» Warum neigen Alleinherrscher dazu, sich selbst als Gott zu sehen?
» Wo kann ich mich in demokratische Prozesse aktiv einbringen?
» Was hilft mir dabei, Verantwortung für andere zu übernehmen?

» Ich bin dankbar für demokratische Freiheit und Mitbestimmung.
» Ich danke Gott, dass er jedem Menschen Würde und Gaben verleiht.
» Ich bitte Gott, dass ich Machtmissbrauch erkenne und ihm widerstehe.

Tag 30
Christ gleich Pazifist?

„Die Auffassung, daß Krieg immer eine Katastrophe sei, entstammt offensichtlich einer materialistischen Ethik, aus der Überzeugung, daß es nichts Schlimmeres gibt als Tod und Schmerzen. […] Die Frage lautet, ob Krieg das schlimmste Übel auf der Welt ist, so daß ihm jeder andere Zustand, den eine Unterwerfung zur Folge haben könnte, auf jeden Fall vorzuziehen wäre. Und für diese Auffassung sehe ich keine wirklich zwingenden Gründe. […] Von den übrigen Weltreligionen ist, glaube ich, nur eine, der Buddhismus, wirklich pazifistisch. […] Die christliche Begründung des Pazifismus stützt sich ausschließlich auf bestimmte Äußerungen des Herrn selbst. […] Sofern in einem konkreten Fall ein Unrecht meines Nächsten gegen mich und mein Wunsch nach Rache die einzigen Faktoren sind, verlangt das Christentum den absoluten Verzicht auf die Erfüllung dieses Wunsches. […] Doch sobald noch andere Faktoren dazu kommen, liegt die Sache anders. Könnte irgend jemand im Ernst annehmen, die Zuhörer hätten das Wort des Herrn so verstanden, daß wir einfach Platz machen müssen, wenn ein Wahnsinniger in mörderischer Absicht versucht, uns zur Seite zu stoßen, um einen Dritten zu töten? Ich jedenfalls halte das für ausgeschlossen. […] Wo du bloß ein zorniger Mensch bist, den jemand verletzt hat, da zügle deinen Zorn und schlag nicht zurück, obgleich es deine Pflicht sein kann, ganz anders zu reagieren, wenn du als Amtsinhaber von einer Privatperson geschlagen wirst, oder als Vater oder Mutter von deinem Kind oder als Lehrer von einem Schüler, als psychisch Gesunder von einem Irren oder als Soldat vom Feind deines Landes; anders, weil du es dann noch aus anderen Motiven tust als aus dem egoistischen Wunsch nach Vergeltung. […] Sowohl Paulus (Röm 13,4) als auch Petrus (1Petr 2,14) billigen den Gebrauch des Schwertes durch die Obrigkeit."

(Warum ich kein Pazifist bin, in: Ich erlaube mir zu denken, 106-124, hier: 115f.119-122)

„Seid untertan aller menschlichen Ordnung um des Herrn willen, es sei dem König als dem Obersten oder den Statthaltern als denen, die von ihm gesandt sind zur Bestrafung der Übeltäter und zum Lob derer, die Gutes tun. Denn das ist der Wille Gottes, dass ihr durch Tun des Guten den unwissenden und törichten Menschen das Maul stopft. [...] Ehrt jedermann, habt die Brüder und Schwestern lieb, fürchtet Gott, ehrt den König!“ (1 Petr 2,13-15.17)

Im Jahr 1940 hielt C. S. Lewis vor einer pazifistischen Vereinigung in Oxford einen Vortrag zum Thema „Warum ich kein Pazifist bin“. Er begab sich also in die „Höhle des Löwen“ – und das zu einer Zeit, als der Zweite Weltkrieg bereits im Gange war und es sich somit um ein höchst aktuelles und sicher spannungsvolles Thema handelte.

Die Leitfrage, der sich Lewis zuwendet lautet: Kann durch einen Krieg ein noch größeres Unglück verhindert werden, selbst wenn ein Krieg nichts Gutes ist? Ein einzelner Krimineller mag noch durch einen gezielten Eingriff überwältigt werden können, aber wenn eine ganze Nation kriegerische Absichten verfolgt, bleiben nur die Alternativen der Unterwerfung oder der Verteidigung mit Waffen. Hier gibt Lewis der zweiten Option den Vorzug, wenn damit verhindert werden kann, dass sich ein Staat einfach einen anderen einverleibt. Lewis argumentiert auch, dass Pazifismus lediglich in liberalen Staaten möglich ist. Sollte ein durch absoluten Pazifismus kampfunfähig gemachtes Land dann von einem kriegerischen Nachbarn erobert werden, wäre es auch vorbei mit dem Pazifismus, denn die Besatzer würden diesen sicher abschaffen wollen. Lewis schlussfolgert, dass die pazifistische Idee nur funktioniert, wenn entweder alle sie verfolgen oder sie nach außen notfalls mit Waffen verteidigt wird.

Lewis hält die Idee eines universellen Friedens für illusorisch und gibt demgegenüber den Bemühungen den Vorzug, einen konkret drohenden Krieg durch geschickte Verhandlungen zu verhindern oder durch schnelle Kriegsführung ein längeres Leiden vieler zu lindern. Als Kronzeugen für einen „gerechten Krieg" führt er Homer, Platon, Aristoteles, Cicero, Zarathustra und die Bhagavad-Gita an und meint, dass „die Stimme fast der ganzen Menschheit" gegen den Pazifismus spricht. Kriege sind schlimm, aber oft nicht das größte Übel.

Lewis unterscheidet hier zwischen Unrecht, das mir selbst zugefügt wird, und solchem, das einem anderen droht, den ich beschützen kann. Im ersten Fall gilt für mich als einzelne Privatperson das Wort Jesu, dass ich die linke Wange hinhalten soll, wenn mir jemand auf die rechte schlägt (Mt 5,39). Im zweiten Fall gilt für mich als jemand, der in größere Zusammenhänge hineingestellt ist und vielleicht sogar den Auftrag hat, andere zu schützen, dass mit Paulus (Röm 13,4) oder Petrus (1Petr 2,14) der Einsatz von Gewalt geboten sein kann, um noch Schlimmeres zu verhindern. Weder Jesus noch die Apostel haben zum Verzicht auf den Militärdienst aufgerufen. Mit Martin Luthers Lehre von den „zwei Regimentern" sollten wir zwischen dem Reich Gottes und der sichtbaren Welt, zwischen geistlicher und weltlicher Herrschaft unterscheiden. Während sich die erste ganz ohne Gewalt und nur durch das Wort Gottes durchsetzt, kann bei der zweiten die staatliche Gewalt geboten sein, um andere zu schützen.

» Gibt es so etwas wie einen „gerechten Krieg"? Ist Verteidigung manchmal notwendig? Oder lehne ich jede Waffengewalt ab?
» Wo ist es für mich dran, im Sinne Jesu die linke Wange hinzuhalten?
» Wie kann ich andere schützen und verteidigen, denen Gewalt droht?

» Ich bin dankbar für alle, die mich vor fremder Gewalt schützen.
» Ich danke Gott, dass er uns mit Jesus den Friedenskönig gesandt hat.
» Ich bitte Gott, verantwortungsbewusst und friedliebend zu handeln.

Tag 31
Glaube im Alltag?

„Ein Kompromiß zwischen dem Anspruch Gottes und dem Anspruch der Kultur, der Politik oder von irgend sonst etwas kommt nicht infrage. Gottes Anspruch ist grenzenlos und unerbittlich. Man kann ihn leugnen, oder man kann versuchen, ihn anzuerkennen. Einen Mittelweg gibt es nicht. Trotzdem ist klar, daß das Christentum keine einzige der üblichen menschlichen Tätigkeiten ausschließt. Der hl. Paulus weist die Leute an, in ihrem Beruf voranzumachen. Er setzt überdies voraus, daß Christen Einladungen zum Essen annehmen und sogar zum Essen bei heidnischen Gastgebern. Unser Herr nimmt an einer Hochzeit teil und stiftet wunderbaren Wein. Unter der Ägide seiner Kirche und in den allerchristlichsten Zeitaltern blühen Wissenschaft und Künste. […] Alle unsre rein natürlichen Tätigkeiten werden von Gott angenommen, wenn wir sie ihm anbieten, auch die niedrigsten, und alle, auch die vornehmsten, sind sündig, wenn wir das nicht tun. Das Christentum ersetzt nicht einfach unser natürliches Leben durch ein neues; es ist eher eine neue Organisation, die die natürlichen Rohstoffe zu ihren übernatürlichen Zwecken benützt. […] Es besteht keine wesentliche Feindschaft zwischen dem religiösen Leben und den menschlichen Tätigkeiten als solchen. […] Das Werk eines Beethoven und die Arbeit einer Putzfrau werden zu den genau gleichen Bedingungen geistlich, nämlich wenn sie Gott dargeboten und demütig ‚für den Herrn' getan werden. Dies bedeutet aber nicht, daß es für den Einzelnen nicht drauf ankommt, ob er Böden putzt oder Sinfonien komponiert. Ein Maulwurf muss zur Ehre Gottes graben und ein Hahn muss krähen. Wir sind Glieder eines Leibes, aber unterschiedliche Glieder, jedes mit seiner eigenen Berufung. Eines Menschen Erziehung, seine Begabungen, seine Lebensumstände sind für gewöhnlich ein leidlich guter Hinweis auf seine Berufung."

(Studium in Kriegszeiten, in: Was der Laie blökt, 36-50, hier: 41-43)

„Sehet, der HERR hat mit Namen berufen den Bezalel, den Sohn Uris, des Sohnes Hurs, vom Stamm Juda, und hat ihn erfüllt mit dem Geist Gottes, dass er weise, verständig und geschickt sei zu jedem Werk, kunstreich zu arbeiten in Gold, Silber und Bronze, Edelsteine zu schneiden und einzusetzen, Holz zu schnitzen, um jede kunstreiche Arbeit zu vollbringen. Und er hat ihm auch die Gabe zu unterweisen ins Herz gegeben." (2. Mose 35,30-34a)

C. S. Lewis wurde ab und zu auch als Prediger aktiv. Im Oktober 1939 sprach er in der Oxforder Marienkirche über das Thema „Studium in Kriegszeiten". Es ist ein eindrucksvolles Plädoyer dafür, auch unter schwierigen Umständen an der eigenen Berufung festzuhalten und „bei der Sache zu bleiben". Der Glaube umfasst das ganze Leben. Es geht nicht darum, dass wir ab und zu eine religiöse Seite in uns aktivieren, sondern dass Gottes Anspruch und Zuspruch unser gesamtes Sein mit all seinen Teilbereichen durchdringt. Das schließt nicht nur den kulturellen und politischen Sektor ein, sondern auch den Beruf, das Privatleben und alle unsere Interessen. Das heißt aber auch, dass wir Gottes Wirken und seinen Willen in Beziehung setzen mit allen Facetten unseres Alltages. Ein „weltzugewandter“ Glaube schließt nichts von dem aus, was mit oder durch uns geschieht.

Wir leben unseren Glauben eben nicht nur hinter Kirchenmauern. Gott will hineinkommen in unser ganzes Dasein – und wir dürfen die Erfahrung machen, dass wir unter seinem Einfluss noch einmal eine andere Perspektive auf ganz alltägliche Dinge gewinnen. Der Schlüssel dafür ist der Heilige Geist. Jürgen Moltmann schreibt dazu: *„Der Geist macht die ganze, biologische, kulturelle und religiöse Lebensgeschichte eines Menschen charismatisch lebendig. Jeder soll in die Gemeinde und in den Prozess der Neuschöpfung aller Dinge einbringen, was er hat, womit er kommt und was er kann. Prinzipiell können alle menschlichen Möglichkeiten und Fähigkeiten durch die Berufung charismatisch werden, wenn sie nur in Christus gebraucht werden.“*[14] Wenn ich als Christ lebe, dann bedeutet das meistens, dass ich die Dinge, die ich ohnehin tue, in dem Bewusstsein tue, dass „Christus in mir lebt“ (Gal 2,20) und dass der Heilige Geist durch mich wirken will. Bestimmte Dinge entdecke ich auch neu, weil Gott sie mir aufs Herz legt, und manches lasse ich, weil es mit der Gegenwart Gottes in mir nicht vereinbar ist. So kann es sein, dass ich als Christ ein völlig neues Leben mit anderen Werten, Zielen, Einstellungen und Prioritäten führe als zu der Zeit, bevor ich zum Glauben gekommen bin. Trotzdem höre ich auch als Christ nicht auf, ein „natürliches“ Leben zu führen, in dem ich in Beziehungen eingebunden bin, einen Beruf ausübe, auf Feiern eingeladen werde, bestimmten Interessen nachgehe und in vielen Bereichen auch Verantwortung übernehme. Lewis spricht hier von einer „neuen Organisation, die die natürlichen Rohstoffe zu ihren übernatürlichen Zwecken benützt“. Als Beispiel führt er hier die „Arbeit einer Putzfrau“ an. Das erinnert wiederum an Martin Luther, der im selben Zusammenhang die „arme Dienstmagd“ geehrt hat, für die das Kehren des Hauses nichts weniger als ein Gottesdienst ist, wenn sie dies im Glauben tut.

» Aus welchen Bereichen meines Lebens klammere ich Gott noch aus?
» Wo kann ich in den alltäglichsten Dingen Gottes Spuren entdecken?
» Welche meiner Interessen und Begabungen kann ich für Gott einsetzen?

» Ich danke Gott, dass er auch die „natürlichsten" Dinge würdigt.
» Ich bin dankbar für alle empfangenen Gaben und meine Berufung.
» Ich bitte Gott, dass er auch meinen „normalen Alltag" prägt.

Tag 32
Zum Allwissenden beten?

„Wir glauben, daß Gott allwissend ist – so sagen wir; und doch scheinen unsere Gebete zu einem großen Teil daraus zu bestehen, daß wir ihm Mitteilungen machen. […] Was also tun wir da eigentlich? […] Wir werden von Gott jederzeit ganz und daher gleichmäßig erkannt. Das ist unser Geschick, ob es uns passt oder nicht. Aber obwohl sich diese Erkenntnis nie verändert, kann sich doch die Qualität unseres Erkanntseins ändern. […] Im gewöhnlichen Sprachgebrauch heißt ‚von Gott erkannt sein' zur Kategorie der Dinge gehören. Wie Regenwürmer, Kohlköpfe und Spiralnebel sind wir Gegenstände des göttlichen Wissens. Wenn wir aber a) uns dieser Tatsache bewußt werden – der aktuellen Tatsache nämlich, nicht ihrer Verallgemeinerung – und b) mit unserem ganzen Willen diesem so Erkanntsein zustimmen, dann verhalten wir uns in unserer Beziehung zu Gott nicht als Sachen, sondern als Personen. Wir haben uns enthüllt. Nicht als ob irgendeine Hülle seinem Blick widerstünde. Die Veränderung vollzieht sich in uns. Was passiv ist, wird aktiv. Statt bloß erkannt zu sein, zeigen wir uns, teilen uns mit, bieten uns dem Blick dar. Auf diese Weise von uns aus in ein persönliches Verhältnis zu Gott zu treten, wäre an sich und ohne Befugnis dazu nichts als Anmaßung und Täuschung. Aber wir sind darüber belehrt, daß es das nicht ist, daß Gott selbst uns dieses persönliche Verhältnis schenkt. Denn im Heiligen Geist wird es uns möglich, ‚Vater' zu rufen. Indem wir uns enthüllen, unsere Sünden bekennen und unsere Anliegen ‚kundtun', übernehmen wir von Ihm den hohen Rang von Personen. Und Er lässt sich herab und wird auch für uns eine Person. […] Gott benimmt sich gewissermaßen einem Menschen gegenüber so, wie dieser Mensch sich Gott gegenüber benimmt. […] Er spricht als Ich, wenn wir Ihn wahrhaft Du nennen."

(Du fragst mich, wie ich bete, 25-27)

„Als aber die Zeit erfüllt war, sandte Gott seinen Sohn, geboren von einer Frau und unter das Gesetz getan, auf dass er die, die unter dem Gesetz waren, loskaufte, damit wir die Kindschaft empfingen. Weil ihr nun Kinder seid, hat Gott den Geist seines Sohnes gesandt in unsre Herzen, der da ruft: Abba, lieber Vater! So bist du nun nicht mehr Knecht, sondern Kind; wenn aber Kind, dann auch Erbe durch Gott." (Gal 4,4-7)

In seinen späten Lebensjahren trat C. S. Lewis auch als Lehrer des Gebets in Erscheinung. Nach „Das Gespräch mit Gott. Beten mit den Psalmen" (1958) erschien erst ein Jahr nach seinem Tod das Buch „Du fragst mich, wie ich bete. Briefe an Malcolm" (1964). Hier bewegt Lewis auch zahlreiche Einzelfragen – etwa wie sich unsere Gebete zu Gottes Allwissenheit verhalten. Wenn Gott doch schon alles weiß, warum sollen wir es ihm dann noch sagen? Jesus selbst sagte seinen Jüngern, dass es beim Beten nicht viele Worte braucht, weil Gott unsere Bedürfnisse bereits kennt (Mt 6,7-8). Daraufhin lehrt Jesus sie das Vaterunser als eine Art „Mustergebet", an dem sie sich orientieren sollen. Vor den knappen, konzentrierten Bitten steht die Anrede „unser Vater" und damit ist eine Spur gelegt zu dem, was ein Gebet im Innersten ist: die vertrauensvolle und persönliche Kommunikation eines Gotteskindes mit seinem himmlischen Vater.

Beim Beten informieren wir Gott nicht über etwas, was ihm noch nicht bekannt wäre. Doch zusammen mit dem Bibellesen und der Einbindung in eine Gemeinde ist es eine der wesentlichen Äußerungen, mit denen wir uns in eine Beziehung zu ihm einleben und diese gestalten.

Unser Gott ist groß und oft denken wir zu klein von ihm. Wenn er aber wirklichen Einfluss hat, dann ist er für uns die richtige Adresse. Lewis ist davon überzeugt, dass Gott uns in jedem Moment unseres Lebens ganz genau kennt. Dennoch macht er deutlich, dass es einen Unterschied macht, ob wir uns auch von ihm erkennen lassen. Gibt es von meiner Seite her eine Resonanz darauf? Verhalte ich mich Gott gegenüber wie ein „Ding" oder wie eine „Person"? „Enthülle" ich mich und bin ich bereit für eine persönliche Begegnung mit ihm?

Der allmächtige und allwissende Gott lässt sich herab und möchte mit mir „auf Du und Du" gehen. Er wendet sich mir einzeln zu und wartet auf meine Antwort. Er schenkt uns seinen Heiligen Geist – und von diesem berührt und erfüllt, dürfen wir Vater zu ihm sagen. Gott liebt es, wenn wir mit ihm reden. Er liebt es, unsere Stimmen zu hören, und er mag unsere persönliche Note. Als Vater weiß ich auch meist, was gut für meine Kinder ist, und bin bereit, es ihnen zu geben. Dennoch freue ich mich darüber, wenn sie mich um etwas bitten, mich einladen, ins Vertrauen ziehen und voller Begeisterung oder auch mal traurig zu mir kommen. Ich freue mich, wenn sie dankbar sind und nicht alles Gute für selbstverständlich nehmen. So freut sich auch Gott, obwohl er alles weiß, wenn wir uns ihm anvertrauen. Wir müssen die Tür zum Vater nicht erst aufbrechen, sondern einfach nur durchgehen. Wird mir das Gebet zur Herzensangelegenheit, dann kann ich gelassen bleiben und Gott einfach vertrauen.

» Wie groß und wie persönlich ist meine Vorstellung von Gott?
» Wie viel Zeit nehme ich mir für das Gebet? Bin ich ein „Gebetsmuffel“ oder eine „Gebetsmühle“? Was hilft mir, bewusst zu beten?
» In welchen Situationen habe ich gute Gebetserfahrungen gemacht?

» Ich danke Gott, dass er mich und uns alle genau kennt.
» Ich bin dankbar, dass die Tür zum Vater im Himmel immer offen ist.
» Ich bitte Gott, dass ich nicht zu klein oder zu abstrakt von ihm denke.

Tag 33
Ist Rache christlich?

„In manchen Psalmen schlägt uns ein hasserfüllter Geist entgegen wie die Hitze aus einer Ofenluke. […] Eine Möglichkeit, mit diesen schrecklichen oder (darf man das sagen?) niederträchtigen Psalmen umzugehen, wäre, sie einfach zu ignorieren. Aber leider lassen sich die üblen Stellen nicht ‚sauber herauslösen'. […] Und wenn wir uns daran erinnern, dass das Denken und Reden unseres Herrn unverkennbar von den Psalmen durchtränkt war, tun wir gut daran, sie uns in irgendeiner Weise zunutze zu machen. […] Wir leben – zumindest in manchen Ländern noch – in einer sanftmütigeren Zeit. Jene Dichter aber lebten in einer Welt grausamer Bestrafungen, einer Welt der Massaker und Gewalttaten. Blutopfer gab es in allen Ländern, in manchen auch menschliche. […] In dem unverhohlenen Hass in diesen Psalmen wurde zugleich sichtbar, was die natürliche Folge davon ist, dass einem Menschen Unrecht geschieht. Die Betonung liegt hier auf dem Wort „natürlich". […] Denn wenn das Übernatürliche in eine menschliche Seele gelangt, eröffnet es ihr neue Möglichkeiten sowohl des Guten als auch des Bösen. Von diesem Punkt aus verzweigt sich die Straße: Ein Weg führt zu Heiligung, Liebe, Demut, der andere zu geistlichem Hochmut, Selbstgerechtigkeit und eifernder Verfolgung. […] Auch an ihren schlimmsten Verfluchungen können wir immer noch sehen, wie nahe diese alten Dichter Gott in gewissem Sinne waren. Wenn auch grausam verzerrt durch das menschliche Werkzeug, ist doch in diesen Passagen immer noch etwas von der göttlichen Stimme zu hören. Zwar betrachtet Gott ihre Feinde gewiss nicht so, wie sie es tun. […] Aber zweifellos steht er den Sünden jener Feinde mit derselben unversöhnlichen Feindseligkeit gegenüber wie sie. Unversöhnlich? Ja, nicht dem Sünder, aber der Sünde gegenüber. Sie wird nicht geduldet oder entschuldigt; ihr wird kein Zugeständnis gemacht."

(Das Gespräch mit Gott, 31-44)

„Nahe dich meiner Seele und erlöse sie, erlöse mich um meiner Feinde willen. Du kennst meine Schmach, meine Schande und Scham; meine Widersacher sind dir alle vor Augen. […] Ihr Tisch werde vor ihnen zur Falle, zur Vergeltung und zum Strick. Ihre Augen sollen finster werden, dass sie nicht sehen, und ihre Hüften lass immerfort wanken. Gieß deine Ungnade über sie aus, und dein grimmiger Zorn ergreife sie." (Ps 69,19f.23-25)

In Umfragen darüber, welche Aspekte des christlichen Glaubens am problematischsten sind, landet regelmäßig neben den Vorwürfen der Intoleranz und der konservativen Ethik auch das Thema der Gewalt gegenüber Feinden auf den vorderen Plätzen. In der Tat haben Christen und Kirchen Schuld auf sich geladen, weil sie bei Kriegen mitwirkten, Andersgläubige verfolgten und Vergeltung gegenüber Feinden übten. Ob sie sich dabei zu Recht auf Jesus berufen konnten, ist allerdings mit Blick auf das ganze Wirken Jesu und nicht zuletzt das Gebot der Feindesliebe (Mt 5,43-45) wohl zu bezweifeln.

Wie aber sollen wir mit den Rachepsalmen im Alten Testament umgehen? Natürlich hat sich C. S. Lewis als Apologet mit dieser Frage beschäftigt. Er gibt zu, dass wir nicht mit ihnen fertigwerden, indem wir die anstößigen und schwierigen Stellen einfach „ignorieren" oder „sauber herauslösen". Abgesehen von der Frage, was uns das Recht dazu gäbe, blieben diese „dunklen Stellen" doch ein Makel in Gottes Wort. Lewis hilft uns beim Nachdenken darüber, wie diese harten Worte zu interpretieren und einzuordnen sind.

Zunächst stellen wir fest, dass die Racheäußerungen Bestandteile von Gebeten sind. Es sind ehrliche, wilde, ungezähmte Äußerungen aus dem tiefsten Inneren – und Lewis erinnert uns daran, dass wir wohl alle solche Gefühle kennen, wenn wir ehrlich sind. Sie sind die natürliche Reaktion darauf, wenn uns Unrecht geschieht – und in dieser ungeschminkten Offenheit liegt ihre Stärke. Nicht nur hier begegnet uns in der Bibel das, was wir heute gerne „Authentizität" nennen. Entscheidend ist aber, dass die Rache im gesamtbiblischen Zeugnis nicht das letzte Wort hat. Sie bekommt ihren Raum, aber zum einen eröffnet der Beter nach der Bitte um Vergeltung etwa in Psalm 139 die Möglichkeit, von Gott im eigenen Denken korrigiert zu werden. Zum anderen zeigt uns die Bibel mit Gnade und Liebe noch einen anderen, stärkeren Weg, wie wir vergebend mit erlittenem Unrecht umgehen sollen – und Lewis schreibt auch, dass das nicht erst im Neuen, sondern bereits im Alten Testament auf der Tagesordnung steht (3Mose 19,17f; 2Mose 23,4f; Spr 24,17; 25,21). Dietrich Bonhoeffer weist darauf hin: *„Nirgends wird der Psalmbeter die Rache in die eigene Hand nehmen, er befiehlt die Rache Gott allein. Damit muss er sich selbst aller persönlicher Rachegedanken entschlagen."*[15] Was bestehen bleibt, ist Gottes Hass auf die Sünde, selbst wenn er den Sünder durch das Opfer Jesu Christi annimmt. Mit dem Ruf „Denn sie wissen nicht, was sie tun" (Lk 23,34) zeigt Jesus, dass die Bitte um Vergebung, selbst wenn man getötet wird, stärker sein kann als der Wunsch nach Rache. Doch in uns muss wirklich etwas „Übernatürliches" geschehen, damit ein solches Denken, Reden und Handeln möglich ist.

» Wo gebe ich Gefühlen der Empörung und der Rache in meinem geistlichen Leben Raum?
» Wie gehe ich dann mit ihnen um, damit sie nicht zu bleibendem Zorn werden?
» Welche Impulse helfen mir, um Unrecht vergeben zu können?

» Ich bin dankbar, dass ich Gott auch meinen Zorn sagen kann.
» Ich danke Gott, dass er letztendlich für Gerechtigkeit sorgen wird.
» Ich bitte Gott, dass ich Ungeklärtes jetzt aushalten kann.

Tag 34
Warum Gott loben?

„Als ich anfing, mich dem Glauben an Gott anzunähern, und auch noch einige Zeit, nachdem er mir geschenkt worden war, machte mir die von allen frommen Leuten immer wieder lautstark vorgetragene Aufforderung zu schaffen, wir sollten Gott ‚loben'; und noch mehr der Gedanke, dass Gott selbst das verlangte. Für jemanden, der ständig hören will, wie tugendhaft, intelligent und sympathisch er doch ist, haben wir alle nicht viel übrig; noch viel weniger für die Schar von Leuten um jeden Diktator, jeden Millionär und jeden Prominenten, die diesem Verlangen nachkommen. So drohte sich ein zugleich lächerliches und grauenhaftes Bild sowohl von Gott als auch von seinen Anbetern in meinem Denken breitzumachen. […] Was meinen wir eigentlich, wenn wir sagen, ein Bild sei ‚bewundernswert'? […] Das Bild ‚verdient' oder ‚verlangt' Bewunderung in dem Sinne, dass Bewunderung die richtige, angemessene oder passende Reaktion darauf ist. Die Bewunderung, die man ihm zollt, wird also nicht ‚vergeudet' sein, und wenn wir es nicht bewundern, sind wir selbst dumm und unempfänglich und lassen uns viel entgehen. Wir haben etwas verpasst. […] Die Welt ist voll von Lobpreis – Liebende preisen ihre Geliebten, Leser ihre Lieblingsdichter, Wanderer preisen die Landschaft, Spieler preisen ihr Lieblingsspiel. […] Wenn die Psalmisten jedermann auffordern, Gott zu preisen, dann tun sie nur, was alle Menschen tun, wenn sie von etwas sprechen, das ihnen am Herzen liegt. Meine Schwierigkeit mit dem Lobpreis Gottes kam nur dadurch zustande, dass ich uns absurderweise im Blick auf das allerhöchste Gut etwas vorenthalten wollte, was wir gerne und sogar ganz unwillkürlich im Blick auf alles andere tun, was uns wertvoll ist. Wir loben deshalb so gerne, was uns Freude bereitet, weil der Lobpreis die Freude nicht nur ausdrückt, sondern vervollständigt."

(Das Gespräch mit Gott, 31-44)

„Halleluja! Lobet den Namen des HERRN, lobet, ihr Knechte des HERRN, die ihr steht im Hause des HERRN, in den Vorhöfen des Hauses unsres Gottes! Lobet den HERRN, denn der HERR ist freundlich; lobsinget seinem Namen, denn er ist lieblich!" (Ps 135,1-3)

Warum möchte Gott eigentlich angebetet werden? Hat er das denn nötig, wenn er wirklich Gott ist? Ist er darauf angewiesen, dass er von uns kleinen Staubkörnchen im Universum verehrt wird? Ist Gott etwa beleidigt und bestraft er uns am Ende noch, wenn wir ihn nicht loben? Unsere Vorstellungen von Gott, aber auch von uns selbst, spielen bei allen diesen Fragen natürlich eine entscheidende Rolle. Wenn Christen Gott anbeten, sind sie keine mechanisch funktionierenden Marionetten oder abgedrehten Groupies. Vielmehr meint C. S. Lewis, dass wir hier etwas ganz Normales tun: Wenn Gott nicht nur ein bewundernswerter Gegenstand, sondern das herrlichste Wesen des Universums ist, der Schöpfer und Erhalter des Lebens, der gerecht Urteilende und der vollkommen Liebende – dann sind

Lob und Anbetung unsere einzig angemessene Antwort darauf. Mit einigen Vergleichen zeigt Lewis, dass wir beim Gotteslob etwas tun, was wir auch sonst (hoffentlich) in unserem Alltag bei allen möglichen Dingen tun. Wenn wir Gott anbeten, räumen wir ihm den Platz ein, der nur ihm zukommt. Wenn wir andere mit dem letzten Vers des Psalters auffordern: „Alles, was Odem hat, lobe den Herrn! Halleluja!" (Ps 150,6), dann drücken wir unsere tiefe Freude an Gott aus, die im Lob vervollständigt wird und in die wir andere mit hineinnehmen möchten. Was in unseren Herzen Raum gewonnen hat, das wird uns schließlich zum Herzensanliegen, das kommt uns wie automatisch auch über die Lippen (Lk 6,45b), das wollen wir teilen.

Wir feiern Gottes Gegenwart in unseren Gottesdiensten und treffen uns zu Konzerten und Lobpreisabenden, damit die Anbetung Gottes Gestalt gewinnt in unserem Leben – nicht als musikalisches Event, sondern als Grundmelodie, die unseren Alltag prägt. Dabei ist es C. S. Lewis wichtig, dass nicht die Musik selbst den „Ton" angibt. Das geistliche Anliegen einer Veranstaltung sollte sich ihr auch nie unterordnen, sondern es ist gerade umgekehrt! In einem Artikel für die Zeitschrift „English Church Music" vom April 1949 macht Lewis deutlich, dass Kirchenlieder für ihn keinen Wert an sich haben, sondern – wie auch alle guten und schönen Worte – ganz im Dienst der Botschaft stehen, die sie verkündigen: *„Ich gehe davon aus, daß in der Kirche nichts getan, gesungen oder gesagt werden sollte, was nicht direkt oder indirekt entweder die Verherrlichung Gottes oder die Auferbauung der Leute oder beides zum Ziel hat. Natürlich kann ein guter Gottesdienst auch einen kulturellen Wert haben, aber dazu ist er nicht da; so wie in einer unbekannten Gegend mir eine Kirche helfen kann, die Himmelsrichtung zu finden, obwohl sie nicht dazu gebaut wurde."*

Somit ist für Lewis auch eine hohe Qualität zwar schön, aber nicht das Wichtigste bei der Anbetung Gottes: *„Weder die höchste Vollkommenheit einer vom Chor eingeübten Darbietung noch das herzhafteste und begeistertste Gebrüll aus den Kirchenbänken darf als sicheres Zeichen dafür genommen werden, dass* *etwas spezifisch Religiöses im Gang ist. Es kann so sein, es kann aber auch nicht sein.“*[16]

» Welcher Musikstil und welche „Liturgie“ berühren mich besonders?
» Erlebe ich meine Gemeinde oder Kirche als Ort der Anbetung Gottes?
» Was hilft mir dabei, eine lobende, dankbare Haltung einzunehmen?

» Ich bin dankbar, dass Gottesdienste nicht nur kulturelle Events sind.
» Ich danke Gott und lobe ihn für alles Gute, was er ist und tut.
» Ich bitte Gott, dass er mich immer wieder auf sich hin ausrichtet.

Tag 35
Weltuntergang und Neuschöpfung?

„Die Naturwissenschaftler machen uns keinerlei Hoffnungen, daß dieser Planet auf Dauer bewohnbar sein wird. Die Physiker gehen nicht davon aus, daß in irgendeinem Bereich des Universums organisches Leben auf Dauer möglich ist. Nicht nur diese Erde, sondern das ganze Schauspiel, der gesamte Kosmos, ist dem Untergang geweiht. Die Welt ist ein sinkendes Schiff. […] Die Natur begünstigt das Leben, langfristig gesehen, nicht. Wenn die natürliche Welt alles ist – mit anderen Worten, wenn es irgendwo außerhalb der Natur keinen Gott und keine irgendwie andere Art von Leben gibt –, dann wird alles auf dasselbe hinauslaufen: ein Universum, aus dem jegliches Leben auf Nimmerwiedersehen verschwunden ist. Es war dann nicht mehr als ein zufälliges Aufflackern – und niemand wird mehr da sein, der die Erinnerung daran bewahren könnte. […] Eines aber haben die Weltkriege, das Klima und die Atombombe tatsächlich bewirkt: Sie haben uns eindringlich daran erinnert, wie die Welt, in der wir leben, beschaffen ist – eine Tatsache, die wir seit der Zeit des Aufschwungs vor 1914 nahezu vergessen hatten. Wir sind aus einem schönen Traum erwacht und können nun beginnen, uns mit der Wirklichkeit zu befassen. […] Es gibt nur einen Ausweg aus dieser Sackgasse: Wir müssen schlichtweg anerkennen, daß wir Geistwesen sind, freie, rationale Wesen, die zurzeit ein irrationales Universum bewohnen, und müssen zu dem Schluß kommen, daß wir nicht aus ihm stammen. Wir sind hier Fremdlinge. Das Universum ist nicht alles, was es gibt. Es gibt noch ‚eine andere Welt', und aus der kommen wir. Und das erklärt, warum wir uns hier nicht zuhause fühlen. […] Nur die, denen etwas anderes wichtiger ist als der Erhalt der Zivilisation, können sie vielleicht vor dem Untergang bewahren. Wer den Himmel am meisten herbeiwünscht, dient der Erde am besten."

(Menschheit im Atomzeitalter, in: Ich erlaube mir zu denken, 81-88, hier: 82f.86-88)

„Und ich sah einen neuen Himmel und eine neue Erde; denn der erste Himmel und die erste Erde sind vergangen, und das Meer ist nicht mehr. […] Und Gott wird abwischen alle Tränen von ihren Augen, und der Tod wird nicht mehr sein, noch Leid noch Geschrei noch Schmerz wird mehr sein; denn das Erste ist vergangen. Und der auf dem Thron saß, sprach: Siehe, ich mache alles neu!“ (Offb 21,1.4-5a)

Wie Schmerz und Leid eigentlich normale und zu erwartende Begleiterscheinungen in einer gebrochenen Welt sind (vgl. Tag 13), so ist für C. S. Lewis auch die Bedrohung durch Kriege und den Klimawandel nur eine Erinnerung daran, dass wir in einer Welt leben, die „dem Untergang geweiht“ ist. Der allgemeinen Angst vor der Atombombe, die den zeitgeschichtlichen Hintergrund seines Textes „Menschheit im Atomzeitalter“ von 1948 bildet, begegnet er ähnlich nüchtern wie den Gefahren des Krieges allgemein (vgl. Tag 31): *„Wenn es schon unser Schicksal ist, durch eine Atombombe vernichtet zu werden, dann soll uns diese Bombe, wenn sie fällt, mit ver-*

nünftigen und nützlichen Dingen beschäftigt finden – beim Beten, Arbeiten, Unterrichten, Lesen, Musikhören, Kinderbaden, Tennisspielen, bei einem Schwatz mit Freunden, bei einem guten Tropfen und einem Spiel – und nicht wie hypnotisierte Kaninchen über Bomben grübelnd. Sie können unseren Leib vernichten (Mikroben können das auch), aber sie müssen nicht unseren Geist beherrschen.“[17] Es ist wichtig, trotz aller Gefahren an den alltäglichen Tätigkeiten und der eigenen Berufung festzuhalten. Das erinnert an die Luther zugeschriebenen Worte, er würde heute noch ein Apfelbäumchen pflanzen, selbst wenn morgen die Welt unterginge. Lewis, der in den Schützengräben des Ersten Weltkrieges lag und die damit verbundene Brutalität aus eigenem Erleben kannte, merkt an, dass im Vergleich zu anderen Kriegen mit der Atombombe nicht die Gefahr eines gewaltsamen und frühzeitigen Todes das Neue ist, sondern die Möglichkeit, dass „vielleicht die ganze Zivilisation ausgelöscht wird“ und „für immer das Licht ausgeht“. Aber auch hier bleibt Lewis fast schockierend nüchtern und führt mit naturwissenschaftlichen und theologischen Gründen aus, warum die Erde nicht für immer Bestand haben wird.

Diese Welt ist etwas Vorläufiges. Jesus bereitet uns darauf vor, indem er sagt: „Himmel und Erde werden vergehen; aber meine Worte werden nicht vergehen“ (Mt 24,35). Wenn wir nur in jetzigen, innerweltlichen Kategorien denken und uns hier einrichten möchten, dann greifen wir zu kurz. In uns lebt eine „Sehnsucht nach mehr“ (vgl. Tag 4), die hier nicht gestillt werden kann. Unsere Zukunft bei Gott, die jetzt schon beginnt, ist wiederum ein Teil der Neuschöpfung aller Dinge, die er heraufführen wird. Nicht nur einzelne Menschen, sondern die gesamte Schöpfung wird erlöst werden (Röm 8,20-21). Während uns Gott am Horizont zuruft: „Siehe, ich mache alles neu!“ (Offb 21,5), setzen wir uns mit unseren Kräften und Möglichkeiten für die bestehende Schöpfung ein. Stärker noch als C. S. Lewis selbst hat der Theologe und Lewis-Kenner N. T. Wright den Zusammenhang betont, *„dass in der neuen Schöpfung alles bestätigt wird, was in der ursprünglichen Schöpfung gut* *war. Alles, was die ursprüngliche Schöpfung korrumpiert und entstellt hat, wird abgetan sein.“*[18]

- » Wie gehe ich mit den Bedrohungen dieser Welt um? Machen sie mir Angst?
- » Was hilft mir, mit himmlischer Perspektive der Erde treu zu sein?
- » Wo begegnen mir utopische Hoffnungen auf eine Veränderung dieser gefallenen Welt? Wie gehe ich damit um?

- » Ich bin dankbar für die umfassendere Perspektive des Glaubens.
- » Ich danke Gott, dass er diese Welt tiefgreifend erneuern wird.
- » Ich bitte Gott, mich schon jetzt daran mitzuwirken zu lassen.

Tag 36
Unaufhaltsamer Fortschritt?

„Wir sind gelehrt worden, die Welt als etwas zu sehen, das langsam der Vollkommenheit entgegenwächst, etwas, das ‚fortschreitet' oder ‚sich entwickelt'. Die christliche Apokalyptik gibt uns keine solche Hoffnung. Sie prophezeit ein plötzliches gewaltsames, von außen her kommendes Ende. […] Niemand, der die Weltgeschichte ohne Voreingenommenheit zugunsten des Fortschritts betrachtet, könnte darin eine stetige Aufwärtsbewegung feststellen. Fortschritt gibt es manchmal innerhalb eines bestimmten Gebietes für eine gewisse Zeit. […] Könnte sich dieser Prozeß auf alle Gebiete des Lebens ausweiten und unbegrenzt fortdauern, dann bestünde Fortschritt in dem Sinn, wie ihn unsre Väter glaubten. Aber offensichtlich geschieht das nie. Entweder wird er unterbrochen oder aber er zerfällt auf unerklärliche Weise. Die Idee, welche hier den Gedanken der Wiederkunft ausschließt, die Idee von einem langsamen Reifen der Welt bis zur Vollkommenheit, ist ein Mythos, nicht eine Verallgemeinerung aus Erfahrungen. […] Sie ist unser Versuch, die Handlung des Dramas zu erraten, in dem wir die Personen darstellen. Aber wie können Personen eines Stückes die Handlung erraten? Wir sind nicht der Autor, wir sind nicht der Theaterdirektor, wir sind nicht einmal das Publikum. Wir sind auf der Bühne. Es kommt viel eher darauf an, daß wir die Szene gut spielen, in der wir ‚dran' sind, als daß wir die folgenden Szenen erraten. […] Die Lehre von der Wiederkunft zeigt uns, daß wir nicht wissen und nicht wissen können, wann das Welttheater zu Ende geht. Das Klingelzeichen zum Senken des Vorhangs kann jeden Augenblick ertönen. […] Was er [unser Herr] über die Parusie lehrte, setzte sich deutlich aus drei Aussagen zusammen: 1. Daß er sicher wiederkommen wird. 2. Daß wir unmöglich herausfinden können, wann. 3. Daß wir deshalb jederzeit für ihn bereit sein sollen."

(Die letzte Nacht der Welt, in: Was der Laie blökt, 74,96, hier: 82.85-89)

„Denn wie es in den Tagen Noahs war, so wird es sein beim Kommen des Menschensohns. […] Darum wachet; denn ihr wisst nicht, an welchem Tag euer Herr kommt. Das sollt ihr aber wissen: Wenn ein Hausherr wüsste, zu welcher Stunde in der Nacht der Dieb kommt, so würde er ja wachen und nicht in sein Haus einbrechen lassen. Darum seid auch ihr bereit! Denn der Menschensohn kommt zu einer Stunde, da ihr's nicht meint." (Mt 24,37.42-44)

So sehr C. S. Lewis von der Endlichkeit dieser Welt überzeugt ist, so wenig wagt er, den Zeitpunkt für dieses Ende vorherzusagen. Weil wir als Menschen wie die Schauspieler auf einer Theaterbühne sind, können wir immer nur den Teil überblicken, bei dem wir selbst mitspielen. Gott allein sieht das große Ganze – wir hingegen kennen „weder Zeit noch Stunde" (Mt 25,13), wann Jesus wiederkommen und damit das Ende dieser Welt einläuten wird. Nicht einmal Jesus selbst noch die Engel kennen den Termin – allein der Vater weiß es (Mt 24,36). So formulierte Lewis in einem Zeitschriftenartikel 1958: *„Als*

Christ gehe ich fest davon aus, daß die Menschheitsgeschichte eines Tages ein Ende haben wird; und ich gebe dem Allwissenden keinen Rat, wann der feste Zeitpunkt für dieses Ende ist."[19]

Die Vorstellung eines Bruches in der Geschichte – selbst wenn es sich dabei um keinen völligen Abbruch, sondern um eine Neuschöpfung durch Gott handelt – war nicht nur für Lewis' Zeitgenossen, sondern ist auch für viele Menschen heute eine Zumutung. „Höher, schneller, weiter" ist das Credo unseres Fortschrittsdenkens. Der Wunsch von permanenter Entwicklung und das Streben nach schier grenzenlosem Wachstum prägen unsere rastlose Zeit. Ein Blick in die Geschichte zeigt aber, dass dieses Denken selbst das „Kind einer bestimmten Zeit" und keineswegs alternativlos ist. N. T. Wright zieht hier eine Linie von der Renaissance über die europäische Aufklärung im 18. Jahrhundert bis zur Blütezeit im 19. Jahrhundert, *„als die Kombination von natur-wissenschaftlichen und wirtschaftlichen Vorstößen einerseits sowie von demokratischen Freiheitsrechten und Ausdehnung der Bildung andererseits ein starkes Gespür davon erzeugte, dass die Geschichte sich immer schneller auf ein wundervolles Ziel hinbewege.*"[20]

Als Experte für die Literatur der Renaissance war sich Lewis nicht erst seit Übernahme des Cambridger Lehrstuhls 1954 dieser geistesgeschichtlichen Verschiebungen bewusst. Während er der Evolution als biologischem Vorgang und dem Fortschritt in einzelnen Bereichen des Lebens eine gewisse Plausibilität zuerkannte, war er in Bezug auf eine allgemeine Höher- und Weiterentwicklung des Menschseins äußerst skeptisch. Lewis kritisierte den „modernen Evolutions- und Entwicklungsmythos", weil ihm die Zeiten geschichtlicher Brüche und Abgründe, des Niedergangs und Zerfalls vor Augen standen und er die Übertragung von Prinzipien der Technik auf die Natur ablehnt.

Statt stetig vorwärtsstreben zu müssen, darf ich mich – getragen von Gottes Gnade – mit meinen von ihm geschenkten Gaben ganz einfach und immer wieder für das Gute einsetzen. So werde ich wachsen, reifen und lebe meine Bestimmung als Gottes Ebenbild. Immer bin ich dabei aber abhängig von Gott und auf seine Zuwendung angewiesen, weil er der „Autor“ des großen Stückes ist.

» In welchem Bereich darf ich an Gottes Hand vorangehen und wachsen?
» Was bewahrt mich vor Perfektionismus und Machbarkeitswahn?
» Wie gehe ich damit um, dass mein Leben und diese Welt endlich sind?

» Ich bin dankbar für allen sozialen und technischen Fortschritt.
» Ich danke Gott, dass er als Autor des „Stücks“ die Geschichte überblicken kann.
» Ich bitte Gott, dass ich meine Szene, in der ich dran bin, gut spiele.

Tag 37
Hoffnungsvolles Sterben?

„Vor mir gehen Gestalten; schlank und riesenhaft, schwarz und glatt wie lebende Zylinderhüte; mit ihren großen runden Köpfen auf den geschmeidigen schmalen Körpern sehen sie aus wie schwarze Tulpen. Singend gehen sie hinunter zum Seeufer. Die Musik erfüllt den Wald mit ihren Schwingungen, obgleich sie so leise ist, daß ich sie kaum hören kann: Sie klingt wie gedämpfte Orgelmusik. Einige der Gestalten besteigen die Boote, doch die meisten bleiben am Ufer. Alles geschieht langsam; dies ist keine gewöhnliche Ausfahrt, sondern eine Zeremonie. Es ist ein hrossischer Trauerzug. Die drei mit den grauen Schnauzen, denen die anderen ins Boot geholfen haben, reisen nach Meldilorn, um zu sterben. Denn in jener Welt stirbt […] niemand vor der Zeit. Alle leben die gesamte Zeitspanne, die ihrer Gattung bestimmt ist, und der Tod ist für sie so vorhersehbar wie für uns eine Geburt. Das ganze Dorf hatte gewußt, daß diese drei in diesem Jahr und in diesem Monat sterben würden; es war nicht einmal schwer zu erraten, daß sie in dieser Woche sterben würden. Und nun sind sie auf dem Weg, Oyarsas letzten Rat zu empfangen, zu sterben und entleibt zu werden von ihm. Die Leichname wird es als Leichname nur wenige Minuten geben: Es gibt keine Särge auf Malakandra, keine Totengräber, Kirchhöfe oder Leichenbestatter. Bei der Abfahrt herrscht eine ernste, feierliche Stimmung im Tal, aber ich sehe keine Anzeichen tiefer Trauer. Sie zweifeln nicht an ihrer Unsterblichkeit, und Freunde derselben Generation werden nicht auseinandergerissen. Man verläßt die Welt, wie man in sie eingetreten ist, zusammen mit den anderen desselben Jahrgangs. Dem Tod geht weder Furcht voraus, noch folgt ihm Verwesung."

(Jenseits des schweigenden Sterns, in: Die Perelandra-Trilogie, 5-151, hier: 149f.)

„Noch eine kleine Weile, dann werdet ihr mich nicht mehr sehen; und abermals eine kleine Weile, dann werdet ihr mich sehen. Ihr werdet traurig sein, doch eure Traurigkeit soll zur Freude werden. Eine Frau, wenn sie gebiert, so hat sie Schmerzen, denn ihre Stunde ist gekommen. Wenn sie aber das Kind geboren hat, denkt sie nicht mehr an die Angst um der Freude willen, dass ein Mensch zur Welt gekommen ist. Auch ihr habt nun Traurigkeit; aber ich will euch wiedersehen, und euer Herz soll sich freuen, und eure Freude soll niemand von euch nehmen." (Joh 16,16.20b-22)

Im ersten Roman von C.S. Lewis' Fantasy-Weltraum-Trilogie (1938) wird der Philologe Ransom von zwei skrupellosen Wissenschaftlern auf den Planeten Malakandra (Mars) verschleppt. Anders als es Ransom angekündigt wird, leben hier keine gefährlichen Monster, sondern friedliche intelligente Wesen – etwa die Hrossa. Auf Meldilorn, einer Insel mitten auf Malakandra, lebt schließlich Oyarsa – ein Geistwesen, das über den Planeten herrscht. In einer „Nachschrift" (einer Art fiktivem

Brief) schreibt Ransom an den Verfasser des Buchs nach seiner Rückkehr von Malakandra darüber, was ihn dort am meisten beeindruckt hat. Hier berichtet er von einer Art Trauerzeremonie, die den Tod von drei Hrossa umgibt. Das Ritual ist geprägt von einem entspannten Umgang mit dem Sterben und der Gewissheit der Unsterblichkeit. Der Tod kommt auf Malakandra erwartet und angstfrei, er ist ein soziales Ereignis und gipfelt in der Begegnung mit Oyarsa. Zudem gibt es keine Leichname, keine Verwesung und nach der „Entleibung" wohl einen neuen Körper. Führt uns Lewis mit dieser Schilderung den Unterschied zu unserem eigenen Umgang mit dem Tod vor Augen? Dieser ist ja oft von Verdrängung, Angst, Einsamkeit sowie einem Verlust von Ritualen und Ewigkeitshoffnung geprägt. Er selbst war davon überzeugt, dass Gott auch unser vergehendes Leben umgreift.

Wie aber ist C. S. Lewis selbst auf das Sterben zugegangen? Seine letzten Lebensjahre waren beschwerlich. Nachdem im Juni 1961 eine Vergrößerung seiner Prostata festgestellt wurde und aufgrund seines geschwächten Zustandes eine Operation nicht infrage kam, war klar, dass er früher oder später daran sterben würde. Anfang November setzte er sein Testament auf. Nach einer Phase der Stabilisierung konnte er seine Lehrtätigkeit in Cambridge bis Juni 1963 fortsetzen, bevor er schweren Herzens von seiner Professur zurücktrat. Lewis starb in seinem Oxforder Haus „The Kilns" am 22. November 1963. Noch im Sommer desselben Jahres hatte er einige Briefe abgefasst, in denen er sich hoffnungsvoll mit seinem nahenden Tod beschäftigte. So schrieb er am 28. Juni an die Amerikanerin Mary Willis Shelburne: Wir sind *„ein Samenkorn, das geduldig in der Erde wartet; darauf wartet, dann, wenn es der Gärtner für gut befindet, als Blume emporzukommen, hinauf in die wirkliche Welt, das wirkliche Erwachen. Ich vermute, unser ganzes gegenwärtiges Leben wird, wenn wir von dort zurückblicken, nur als ein schläfriges Halbwachen erscheinen. Wir sind hier im Land der Träume. Aber der Hahnenschrei kommt."*[21]

» Wie nehme ich den Umgang mit Sterben und Tod in meinem Umfeld wahr?
» Habe ich schon einmal Menschen erlebt, deren Sterben tröstlich und hoffnungsvoll war? Was hat dazu geführt, dass ich das so wahrgenommen habe?
» Welche Glaubensgewissheiten tragen mich angesichts der Tatsache, dass auch ich einmal sterben muss? Wie kann ich mich auf mein Sterben vorbereiten?

» Ich danke Gott, dass er einmal auch mein Sterben begleiten wird.
» Ich bin dankbar für alle Perspektiven über Leid und Tod hinaus.
» Ich bitte Gott um ein gnädiges, sanftes und getröstetes Lebensende.

Tag 38
Den Tod besiegen?

„Im Licht der aufgehenden Sonne sah alles ganz anders aus – alle Farben und Schatten hatten sich verändert –, sodass sie das Entscheidende im ersten Moment gar nicht bemerkten. Doch dann sahen sie es. Der Steinerne Tisch war durch einen riesigen Spalt, der sich von einem Ende zum anderen zog, in zwei Teile zerbrochen. Von Aslan war nichts zu sehen. ‚O nein!‘, riefen die beiden Mädchen und rannten zurück zum Tisch. ‚Das ist zu grässlich!‘, schluchzte Lucy. ‚Seinen Leichnam hätten sie doch wenigstens in Frieden lassen können!‘ ‚Wer hat das getan?‘, rief Susan. ‚Was bedeutet das? Ist das ein Zauber?‘ ‚Ja!‘, sagte eine mächtige Stimme hinter ihrem Rücken. ‚Das ist noch ein Zauber.‘ Sie fuhren herum. Hinter ihnen stand, glänzend im Licht des Sonnenaufgangs, größer, als sie ihn zuvor gesehen hatten, Aslan selbst und schüttelte seine Mähne, die offenbar wieder gewachsen war. ‚Oh, Aslan!‘, riefen die beiden Kinder und starrten zu ihm empor. Sie waren fast ebenso erschrocken wie froh. ‚Bist du denn nicht tot, lieber Aslan?‘, fragte Lucy. ‚Jetzt nicht mehr‘, sagte Aslan. […] ‚Aber was hat das alles zu bedeuten?‘, fragte Susan, als sie sich ein wenig beruhigt hatten. ‚Es bedeutet‘, erklärte Aslan, ‚dass die Hexe zwar den Tiefen Zauber kannte, dass es aber einen noch tieferen Zauber gibt, von dem sie nichts ahnte. Ihr Wissen reicht nur bis zur Dämmerung der Zeit zurück. Hätte sie aber noch ein kleines Stück weiter zurückblicken können in die Stille und Dunkelheit vor der Dämmerung der Zeit, so hätte sie dort einen anderen Zauberspruch lesen können. Dann hätte sie gewusst, dass an dem Tag, an dem ein freiwilliges Opfer, das keinen Verrat begangen hat, an eines Verräters statt getötet wird, der Tisch zerbricht und der Tod selbst sich umzukehren beginnt.‘“

(Der König von Narnia, 140f)

„Deshalb, wie durch einen Menschen die Sünde in die Welt gekommen ist und der Tod durch die Sünde, so ist der Tod zu allen Menschen durchgedrungen, weil sie alle gesündigt haben. [...] Wie nun durch die Sünde des Einen die Verdammnis über alle Menschen gekommen ist, so ist auch durch die Gerechtigkeit des Einen für alle Menschen die Rechtfertigung gekommen, die zum Leben führt." (Röm 5,12.18)

Die sieben Bände von C. S. Lewis' „Chroniken von Narnia" erschienen jährlich (1950–1956) und kreisen in loser Folge rund um das Land Narnia. Freunde wie J. R. R. Tolkien kritisierten Lewis durchaus dafür, dass die Gesamthandlung nicht stringenter ist. In der Tat ist der geheimnisvolle Löwe Aslan die einzige Figur, die in allen sieben Teilen – allerdings in unterschiedlicher Intensität – vorkommt und somit die Reihe zusammenhält. (Für den Namen hat Lewis das türkische Wort für Löwe – „Aslan" oder „Arslan" – gewählt.) Und dieser ist sicher auch die faszinierendste Gestalt der „Chroniken". Lewis hat es geschafft, dass man als Leser unwillkürlich immer wieder darauf wartet, bis Aslan wieder erscheint. Als der Schöpfer und König von Narnia ist er in vielen Ländern unterwegs, taucht plötzlich in Narnia auf und verschwindet ebenso schlagartig wieder. Zugleich ist der Löwe der „Sohn des großen Königs jenseits der Meere" und stammt aus einer Welt, die einfach nur „Aslans Land" genannt wird.

Aslan ist die ultimative Verkörperung alles Guten – er strahlt Würde und Kraft, Mitgefühl und Freundlichkeit, Weisheit und Umsicht aus. Einerseits ist er groß, furchterregend und gefährlich, andererseits spielt er mit den Kindern Lucy und Susan und lässt sie auf sich reiten. Aslan wacht über Narnia, hilft seinen Freunden und beschützt sie.

Seine große Gegenspielerin ist die Weiße Hexe Jadis. Dieser gelingt es, den Jungen Edmund in ihre Gewalt zu bringen und des Verrats zu überführen. Nach dem Gesetz des „Tiefen Zaubers" hat sie nun ein Anrecht auf Edmunds Leben und darf diesen töten. In einem Gespräch mit Jadis erklärt sich Aslan bereit, die Strafe auf sich zu nehmen und sich an Edmunds Stelle zu opfern. Aslan wird getötet und als die Weiße Hexe ihren Triumph feiert, erscheint der Löwe den Mädchen Lucy und Susan, die ihn betrauert hatten, und erklärt ihnen, dass er nach dem Gesetz eines „noch tieferen Zaubers" wiederbelebt wurde, weil er selbst unschuldig war. Nach diesem Sieg über den Tod und seiner Auferstehung tötet er schließlich Jadis und setzt die Geschwister Peter, Susan, Edmund und Lucy als Könige von Narnia ein.

Mit Aslan hat C. S. Lewis eine Romanfigur geschaffen, die in ihrem ganzen Wesen und Auftreten Jesus Christus verkörpert. Die Bibel berichtet uns davon, dass Jesus sowohl das „Lamm Gottes" ist, das die Sünde der Welt trägt (Joh 1,29), als auch der „Löwe aus dem Stamm Juda" (Offb 5,5), der gerecht über diese Welt richten wird. Jesus hat freiwillig und stellvertretend für uns durch seinen Tod am Kreuz die gerechte Strafe für unsere Sünde auf sich genommen. Aber weil er selbst ohne Sünde war, hat ihn Gott der Vater von den Toten auferweckt. Damit hat er die seit Adam herrschende tödliche Sündenlogik durchbrochen. Wer an Jesus glaubt, wird auch mit ihm leben.

» Was trennt mich von Gott und seinem guten Willen für mein Leben?
» Welche Eigenschaften von Aslan bzw. Jesus faszinieren mich?
» Wie kann ich Jesus meine Dankbarkeit für seine Hingabe ausdrücken?

» Ich danke Gott, dass er sich in Jesus selbst für mich geopfert hat.
» Ich bin dankbar, dass der Tod besiegt und nicht das Ende ist.
» Ich bitte Gott, dass er mir durch die Hingabe Jesu meine Sünden vergibt und Jesus für mich vor seinem Thron eintritt.

Tag 39

Zur Hölle geschickt?

„Wir haben zugegeben, daß der Mensch einen freien Willen hat. […] Einige werden nicht erlöst werden. Es gibt keine Lehre, die ich lieber aus dem Christentum tilgen möchte als diese – wenn es nur in meiner Macht läge. Aber sie wird sehr eindeutig durch die Heilige Schrift gestützt und vor allem durch die Worte unseres Herrn selbst; sie ist von der Christenheit niemals aufgegeben worden; und auch die Vernunft stimmt ihr zu. […] Indem sie Wesen mit freiem Willen erschafft, unterwirft sich die Allmacht von Anfang an der Möglichkeit einer solchen ‚Niederlage'. […] Ich glaube gern, daß die Verdammten in einem bestimmten Sinn ‚Erfolg' haben; daß sie Rebellen sind bis ans Ende; daß also die Pforten der Hölle von innen verriegelt sind."

(Über den Schmerz, 119f.128)

„Jeder, der möchte, kommt hinein. Seid darum unbesorgt. Am Ende gibt es nur zwei Arten von Menschen: die, die zu Gott sagen: ‚Dein Wille geschehe', und die, zu denen Gott am Ende sagt: ‚dein Wille geschehe'. Alle, die in der Hölle sind, erwählen sie. Ohne diese Selbstwahl könnten sie nicht in der Hölle sein. Keine Seele, die ernstlich und inständig nach Freude verlangt, wird sie verfehlen. Die welche suchen, finden. Denen, die klopfen, wird aufgetan."

(Die große Scheidung, 78)

„Nicht, daß Gott einen Menschen ‚in die Hölle schickt'. Nein, im Herzen eines jeden von uns wächst etwas heran, das ganz von selbst zur Hölle wird – wenn wir nicht zulassen, daß es mit Stumpf und Stiel ausgerottet wird. Das ist eine ernste Sache: Darum wollen wir uns doch gleich jetzt in Gottes Hand begeben, heute noch, in dieser Stunde."

(Wenn nur ‚X' sich ändern würde!, in: Gott auf der Anklagebank, 87-92, hier: 92)

„Und fürchtet euch nicht vor denen, die den Leib töten, doch die Seele nicht töten können; fürchtet viel mehr den, der Leib und Seele verderben kann in der Hölle. [...] Wer nun mich bekennt vor den Menschen, zu dem will ich mich auch bekennen vor meinem Vater im Himmel. Wer mich aber verleugnet vor den Menschen, den will ich auch verleugnen vor meinem Vater im Himmel." (Mt 10,28.32f)

C.S. Lewis hat sich immer wieder nicht nur mit der Existenz des Teufels (vgl. Tag 18), sondern auch mit der Wirklichkeit der Hölle beschäftigt. So widmet er diesem Thema ein Kapitel seines ersten apologetischen Buchs „Über den Schmerz“ (1940) – dazu kommen einzelne Passagen in anderen Werken und Zeitschriftenartikeln. Deutlich ist, dass er sich nicht isoliert und schon gar nicht aus Sensationsgier mit diesen ernsten Fragen auseinandersetzt, sondern dass sie eingeordnet sind in größere Zusammenhänge – etwa in Überlegungen zur menschlichen Freiheit oder zu unserer Fähigkeit, uns selbst oder andere zu ändern. In „Über den Schmerz“ schreibt Lewis über den Zweck der für ihn eindeutigen biblischen Aussagen: *„Was unser Herr über die Hölle sagt, richtet sich – wie alle Worte des Herrn – an das Gewissen und den Willen, nicht an unsere intellektuelle Neugier. Wenn sie uns zur Tat aufgerüttelt haben, so haben sie wahrscheinlich alles erreicht, was mit ihnen beabsichtigt war.“*[22] Lewis gibt zu, dass es sich hierbei um eine „schreckliche Lehre“ handelt und hat deutlich vor Augen, dass sie von vielen Menschen abgelehnt wird. Daran hat sich bis heute nichts geändert. Auch manche Christen fragen entsetzt: Wie kann ein liebender Gott Menschen in die Hölle schicken – an einen Ort absoluter Gottesferne, einer endgültigen, ewigen Verlorenheit? Ist das nicht barbarisch?

Lewis setzt hier bei unserer Willensfreiheit an, die zwar nicht so weit reicht, dass wir unser Heil ohne ein Eingreifen Gottes aus uns selbst heraus erlangen können (vgl. Tag 9), aber doch so ausgeprägt ist, dass Gott uns nicht gegen unseren Willen rettet. Die Frage ist also, ob ich mich mit meinem oft so harten Herzen erlösen, von Gott retten und nach Hause lieben lasse? Lewis hält fest, dass alle, die sich dem verschließen, von Gott nicht dazu gezwungen werden. Wir sind hier keine Marionetten des Allmächtigen und er respektiert unsere Antwort. Die gute Nachricht von Jesus ist eine Froh- und keine Drohbotschaft. Aber sie hat einen ernsten, zuweilen aufrüttelnden Hintergrund, indem sie uns den Spiegel unserer eigenen Verlorenheit vorhält, wenn wir uns nicht „in Gottes Hand begeben".

Die Hölle zeigt uns, dass Gott gerecht ist. Er schickt keinen Menschen in die Hölle. Aber wer ohne Gott und fern von ihm leben möchte, der darf das tun – in dieser Welt und auch nach seinem Tod. Wir haben die Wahl – und die Bibel führt uns die Konsequenzen vor Augen, wenn wir seine Liebe und Gnade sowie unsere Menschlichkeit ablehnen. Warum sollte Gott uns nicht seine Segnungen entziehen können, wenn wir diese mit Füßen treten bzw. ihm als dem Geber aller Gaben nicht dankbar sind? Die Hölle, die wir als Gottesferne hier erleben, entfaltet sich in der Ewigkeit – und der Himmel, den wir als Gottesgemeinschaft hier erleben, ebenfalls. Das ist nur konsequent.

» Was verbinde ich mit der Hölle und was empfinde ich dabei?
» Welche Dinge wollen mich von Gott trennen und zerstören?
» Warum machen sich Menschen das Leben immer wieder zur Hölle?

» Ich danke Gott, dass er mir in Jesus den Himmel aufgeschlossen hat.
» Ich bin dankbar, dass mich manche Zumutung wachrütteln kann.
» Ich bitte Gott, dass er mir die Folgen meines Lebensstils aufzeigt.

Tag 40

Gott unwissend dienen?

„Ich ging über weite Wiesen voller Blumen und unter allerlei prachtvollen, lieblichen Bäumen einher, bis mir unversehens an einer engen Stelle zwischen zwei Felsen ein mächtiger Löwe entgegentrat. […] Da fiel ich vor ihm nieder und dachte: Dies ist gewiss die Stunde des Todes, denn der Löwe (der aller Ehre würdig ist) weiß sicher, dass ich all meine Tage Tash gedient habe und nicht ihm. Dennoch ist es besser, den Löwen zu sehen und zu sterben, statt als Tisroc über die ganze Welt zu herrschen und ihn nicht gesehen zu haben. Doch der Herrliche beugte sein goldenes Haupt herab und berührte meine Stirn mit der Zunge und sprach: ‚Sohn, du bist willkommen.' Ich erwiderte: ‚Ach, Herr, ich bin keiner deiner Söhne, sondern ein Diener Tashs.' Er antwortete: ‚Kind, was immer du für Tash getan hast, will ich dir anrechnen, als hättest du es in meinem Namen getan.' Da überwand ich wegen meines großen Verlangens nach Weisheit und Erkenntnis meine Furcht und befragte den Herrlichen und sprach: ‚Herr, ist es denn wahr, wie der Affe sagte, dass Ihr und Tash ein und derselbe seid?' Darauf knurrte der Löwe, sodass die Erde erzitterte (doch sein Zorn richtete sich nicht gegen mich), und sagte: ‚Es ist Lug und Trug. Nicht weil er und ich eins wären, sondern weil wir so verschieden sind, rechne ich mir die Dienste zu, die du ihm erwiesen hast. Denn er und ich sind von so verschiedener Art, dass mir kein schändlicher Dienst geleistet werden kann, und ihm keiner, der nicht schändlich ist. Wenn darum ein Mensch bei Tash schwört und seinen Schwur um des Schwures willen hält, hat er in Wahrheit bei mir geschworen, auch wenn er es nicht weiß, und ich bin es, der ihn belohnen wird. Und wenn ein Mensch in meinem Namen Grausames tut, dann ist es, führt er auch den Namen Aslan im Munde, Tash, dem er dient, und von Tash wird seine Tat angenommen.'"

(Der letzte Kampf, 157-159)

„Gott, der die Welt gemacht hat und alles, was darinnen ist, er, der Herr des Himmels und der Erde […], fürwahr, er ist nicht ferne von einem jeden unter uns. Denn in ihm leben, weben und sind wir. […] Zwar hat Gott über die Zeit der Unwissenheit hinweggesehen; nun aber gebietet er den Menschen, dass alle an allen Enden Buße tun. Denn er hat einen Tag festgesetzt, an dem er richten will den Erdkreis mit Gerechtigkeit durch einen Mann, den er dazu bestimmt hat, und hat jedermann den Glauben angeboten, indem er ihn von den Toten auferweckt hat.“ (Apg 17,24a.27b-28a.30f)

Im Abschlussband der „Chroniken von Narnia“, „Der letzte Kampf“ (1956), versucht der Affe Listig mithilfe einer Täuschung das Land Narnia an das Nachbarreich Kalormen und dessen Herrscher, den Tisroc, auszuliefern. Der Heerführer der Kalormenen, Rishda Tarkaan, vermischt zu diesem Zweck die in Narnia praktizierte Verehrung Aslans mit dem kalormenischen Kult um den Gott Tash. Nachdem all das am Ende des Romans gescheitert ist und deutlich wurde, dass Tash ein grausamer „Götzengott" ist, begegnet einer der treuen Verehrer Tashs, der junge kalormenische Soldat Emeth (hebräisch: Wahrheit), dem „mächtigen Löwen" Aslan und fällt ihm zu Füßen. Fest mit seinem Tode rechnend, weil er ja dem falschen Gott gedient hat, wird er aber von Aslan als Sohn willkommen geheißen. Darauf folgt ein Gespräch, in dem Aslan erklärt, warum er Emeth und dessen frühere Taten annimmt, wobei er deutlich macht, dass dies keinesfalls deshalb geschieht, weil er, Aslan, und Tash derselbe Gott wären – ganz im Gegenteil. Von Religionsvermischung ist hier keine Rede.

C. S. Lewis verdeutlicht hier, dass es zuerst auf die Qualität unserer Taten selbst ankommt und nicht darauf, in wessen Namen wir sie tun: Alles Gute nimmt Gott – wie Aslan – in seinen Dienst, weil er der Urheber alles Guten ist. Alles Böse stößt Gott ab, selbst wenn wir es in seinem Namen begangen haben, weil in ihm nichts Böses ist. Aber kann man unbewusst dem einzig wahren Gott dienen? Und wie geht dieser mit Menschen um, die zeitlebens nicht von ihm wissen konnten. Wie ist das bei Völkern, die vom Evangelium noch nicht erreicht wurden, und bei früh Gestorbenen? Sind diese automatisch verloren oder nimmt sich Gott ihrer am Ende an?

Lewis zeichnet hier eine hoffnungsvolle Perspektive. Erstens ist klar, dass an Aslan – also Jesus – kein Weg vorbeigeht. Er ist „der Weg, die Wahrheit und das Leben" (Joh 14,6a). Eine Vermischung von Religionen auf Kosten des Absolutheitsanspruches Jesu kommt für Lewis nicht infrage. Zweitens knüpft Lewis an biblische Linien an, in denen Gott für sein Heilshandeln auch Heiden gebraucht, die ihn nicht kennen – etwa den Perserkönig Kyrus (Jes 44,28; 45,1) oder die Moabiterin Rut. Auch Jesus selbst geht davon aus, dass Menschen ihm unwissend dienen und nimmt ihre guten Taten an (Mt 25,31-46).

Wir dürfen darauf vertrauen, dass Gott uns an dem misst, was wir von ihm wissen, verstehen und auf dieser Basis entscheiden können. Dazu kennt er uns als der Schöpfer von Anfang an, auch wenn wir ihn noch nicht kennen. Über unsere „Zeit der Unwissenheit" (Apg 17,30) sieht er hinweg. Aber wenn wir Jesus begegnen, dann sollten wir uns vor ihm beugen und ihn anbeten – so wie es Emeth bei Aslan tut.

» Ist „mein“ Gott so groß, dass er alles Gute in seinen Dienst nimmt?
» Wie kann ich Gott groß denken, ohne dass er beliebig wird?
» Was hilft mir dabei, den einzig wahren Gott anderen zu bezeugen?

» Ich bin dankbar, dass Gott, der Herr, der Schöpfer und der Retter ist.
» Ich danke Gott, dass er jeden Menschen sieht und gerecht beurteilt.
» Ich bitte Gott, dass er mir die Augen für seine Gegenwart öffnet – auch dort, wo ich ihn nicht vermute und mein Glaube zu klein ist.

Quellenverzeichnis – Schriften von C. S. Lewis:

Das Gespräch mit Gott. Beten mit den Psalmen, Brunnen Verlag, Gießen ^{2}2018.

Das Gewicht der Herrlichkeit und andere Essays, Fontis-Verlag, Basel 2005.

Der letzte Kampf, in der Übersetzung von Wolfgang Hohlbein / Christian Rendel © Ueberreuter Verlag GmbH, Berlin 2008.

Das Wunder von Narnia, in der Übersetzung von Wolfgang Hohlbein / Christian Rendel © Ueberreuter Verlag GmbH, Berlin 2017.

Der König von Narnia, in der Übersetzung von Wolfgang Hohlbein / Christian Rendel © Ueberreuter Verlag GmbH, Berlin 2014.

Die Abschaffung des Menschen, Johannes Verlag Einsiedeln, Freiburg ^{9}2020.

Die große Scheidung. Johannes Verlag Einsiedeln, Freiburg ^{13}2018.

Die Perelandra-Trilogie, Brendow Verlag, Moers ^{3}2018. Übersetzung von Walter Brumm. © der deutschen Übersetzung: Thienemann Verlag 1990.

Dienstanweisung für einen Unterteufel, Verlag Herder Freiburg im Breisgau ^{21}2012.

Du fragst mich wie ich bete, Johannes Verlag Einsiedeln, Freiburg ^{6}2017.

Durchblicke. Texte zu Fragen über Glauben, Kultur und Literatur, Fontis-Verlag, Basel 2019.

Gedankengänge. Essays zu Christentum, Kunst und Kultur, Fontis-Verlag, Basel 1986.

Gott auf der Anklagebank, Fontis-Verlag, Basel ^{7}2018.

Ich erlaube mir zu denken. Essays zu zeitgemäßen und unzeitgemäßen Fragen, Fontis-Verlag, Basel ^{2}2013.

Pardon, ich bin Christ. Meine Argumente für den Glauben, Fontis-Verlag, Basel ^{5}2018.

Über den Schmerz, Fontis-Verlag, Basel [6]2007.
Über die Trauer, Patmos Verlag, Düsseldorf 2006.
Überrascht von Freude. Eine Autobiografie, Brunnen Verlag, Gießen [8]2019.
Was der Laie blökt. Johannes Verlag Einsiedeln, Freiburg [5]2021.
Was man Liebe nennt. Zuneigung – Freundschaft – Eros – Agape, Fontis-Verlag, Basel [7]2004.
Wunder. Möglich – wahrscheinlich – undenkbar, Fontis-Verlag, Basel [4]1999.

Anmerkungen

1 C. S. Lewis: Über das Lesen alter Bücher, in: Ich erlaube mir zu denken, 23.

2 Rudolf Bultmann: Neues Testament und Mythologie, in: H. W. Bartsch (Hg.): Kerygma und Mythos. Ein theologisches Gespräch, Hamburg 1941, 15-48, hier: 18.

3 Martin Luther: Heidelberger Disputation, in: ders., Lateinisch-Deutsche Studienausgabe, Band 1: Der Mensch vor Gott, Leipzig[2] 2016, 35-70, hier: 61.

4 C. S. Lewis: Was ist Dichtung?, in: Durchblicke, 278-290, hier: 279.

5 Papst Franziskus: Enzyklika Laudato si'. Über die Sorge für das gemeinsame Haus, Freiburg 2015.

6 C. S. Lewis: Überrascht von Freude, 77.

7 „Man bleibt also mit der Wahl zurück, dass Christus entweder war, wer er zu sein behauptetet – der Messias –, oder ein totaler Spinner!" (Zitiert nach Michael Frost/Alan Hirsch: Der wilde Messias. Mission und Kirche von Jesus neu gestaltet, Schwarzenfeld 2009, 126).

8 C. S. Lewis: Überrascht von Freude, 32.

9 C. S. Lewis: Über die Trauer, 9f.

10 Jörg Ahlbrecht: Fitness für die Seele. Wie wir innere Stärke finden, Holzgerlingen 2020, 50f.

11 Alister McGrath: C. S. Lewis – Die Biografie. Prophetischer Denker – Exzentrisches Genie, Basel 2014, 101.

12 Rob Bell: Sex. Gott. Worum es eigentlich geht, Gießen 2008, 49ff.

13 Theodor Heuss: Reden an die Jugend, Tübingen 1956, 32.

14 Jürgen Moltmann: Kirche in der Kraft des Geistes. Ein Beitrag zur messianischen Ekklesiologie, München 1975, 323f.

15 Dietrich Bonhoeffer: Die Psalmen. Das Gebetbuch der Bibel, Gießen[22] 2017, 63f.

16 C. S. Lewis: Über Kirchenmusik, in: Gedankengänge, 143-149, hier: 143.146.

[17] C. S. Lewis: Menschheit im Atomzeitalter, in: Ich erlaube mir zu denken, 81-88, hier: 81f.

[18] Tom Wright: Warum Christ sein Sinn macht, Lahr 2009, 221.

[19] C. S. Lewis: Gefügige Sklaven des Wohlfahrtsstaates, in: Ich erlaube mir zu denken, 135-142, hier: 136.

[20] Tom Wright: Von Hoffnung überrascht. Was die Bibel zu Auferstehung und ewigem Leben sagt, Neukirchen-Vluyn 2011, 94.

[21] Zitiert nach Alister McGrath: Lunch mit C. S. Lewis, Gießen 2016, 151.

[22] C. S. Lewis: Über den Schmerz, 120.